Cristina Nissen

Das Nibelungenlied als Volksbuch

Friedrich Heinrich von der Hagen und der moderne Mythos des ‚Nibelungenliedes'

Diplomica Verlag GmbH

Nissen, Cristina: Das Nibelungenlied als Volksbuch: Friedrich Heinrich von der Hagen und der moderne Mythos des ‚Nibelungenliedes'. Hamburg, Diplomica Verlag GmbH 2013

Buch-ISBN: 978-3-8428-9483-9
PDF-eBook-ISBN: 978-3-8428-4483-4
Druck/Herstellung: Diplomica® Verlag GmbH, Hamburg, 2013

Bibliografische Information der Deutschen Nationalbibliothek:
Die Deutsche Nationalbibliothek verzeichnet diese Publikation in der Deutschen Nationalbibliografie; detaillierte bibliografische Daten sind im Internet über http://dnb.d-nb.de abrufbar.

Das Werk einschließlich aller seiner Teile ist urheberrechtlich geschützt. Jede Verwertung außerhalb der Grenzen des Urheberrechtsgesetzes ist ohne Zustimmung des Verlages unzulässig und strafbar. Dies gilt insbesondere für Vervielfältigungen, Übersetzungen, Mikroverfilmungen und die Einspeicherung und Bearbeitung in elektronischen Systemen.

Die Wiedergabe von Gebrauchsnamen, Handelsnamen, Warenbezeichnungen usw. in diesem Werk berechtigt auch ohne besondere Kennzeichnung nicht zu der Annahme, dass solche Namen im Sinne der Warenzeichen- und Markenschutz-Gesetzgebung als frei zu betrachten wären und daher von jedermann benutzt werden dürften.

Die Informationen in diesem Werk wurden mit Sorgfalt erarbeitet. Dennoch können Fehler nicht vollständig ausgeschlossen werden und die Diplomica Verlag GmbH, die Autoren oder Übersetzer übernehmen keine juristische Verantwortung oder irgendeine Haftung für evtl. verbliebene fehlerhafte Angaben und deren Folgen.

Alle Rechte vorbehalten

© Diplomica Verlag GmbH
Hermannstal 119k, 22119 Hamburg
http://www.diplomica-verlag.de, Hamburg 2013
Printed in Germany

Inhaltsverzeichnis

1. Einleitung   1

1.1. Inhalt und methodische Ansätze   5

1.2. Gedanken über die verwendeten Quellen   7

2. Die Nibelungen: Von „Sage" über „Epos" zum „Volksbuch"   8

2.1 Das Umfeld der Entstehung des Heldenepos *Nibelungenlied*   8

2.2. Das *Nibelungenlied*: Heldensage, Stoffkreis, Mythos: Begriffsdefinitionen und
–abgrenzungen   11

2.3 Der germanisch-heroische Stoff und seine Rezeption   15

    2.3.1 Das germanische Weltbild reflektiert im *Nibelungenlied*   17

    2.3.2 Die Begriffe „deutsch" und „germanisch" in der Romantik:
Die Suche nach einem positiven deutschen Gründungsmythos und
das *Nibelungenlied*   21

2.4. Schwierigkeiten der Deutung des *Nibelungenliedes*   24

2.5 Die Suche nach nationaler Identität und einer deutschen „Volkspoesie"   26

    2.5.1 Der Mythos vom Volksbuch und das *Nibelungenlied*   33

3. Die Möglichkeiten einer kontextfreien Rezeption   38

3.1. Sinnzuweisungsstrategien im Prozess des Verstehens: Theorien der
Bedeutungszuweisungen bei literarischen Texten   38

3.2. Der Text, seine „Wahrheit" und der Rezipient   41

3.3. „Bedeutungen" eines Textes als Produkt der Ziele des Rezipienten   42

    3.3.1. Die Psyche des Lesers als Regulierungsinstanz   42
    3.3.2. Soziokulturelle Normierung als Regulierungsinstanz   44

4. Das *Nibelungenlied* - Der Werdegang des Mythos „Nationalepos"   46

4.1. Theorien zur Entstehung des *Nibelungenliedes* aus seinem „Sagenkreis"   46

    4.1.1. Andreas Heuslers „Ältere Nibelungenôt": Die Suche nach einem Archetypus   49

    4.1.2. Johann Gottfried Herder, Karl Lachmann, die Brüder Grimm und die ‚Volkslied'-Theorie   51

4.2. Die „Wiederentdeckung" des Epos: Ein künstlicher Ursprungsmythos   54

4.3. Die Nibelungen als „deutsches Nationalepos": Die Verselbständigung der nationalen Deutungstradition vom Achtzehnten zum Zwanzigsten Jahrhundert   58

    4.3.1. Die Zeit von 1755 bis 1871:
    „Heldische" Lektüre als Legitimation von Vaterlandsgefühlen   58

    4.3.2. Die Weimarer Republik:
    Veränderte politische Voraussetzungen für die Nibelungen-Rezeption   59

    4.3.3. Kulminierung eines Rezeptionsmythos:
    Das überspitzte Nibelungen-Pathos im Nationalsozialismus   62

    4.3.4. Post-1945: Distanzierungen von der Rezeptionsgeschichte des *Nibelungenliedes*   64

4.4. Friedrich Heinrich von der Hagen und das *Nibelungenlied*   65

    4.4.1. Von der Hagen und die Anfänge der Germanistik   65

  4.4.2. Die „Erneuung" von der Hagens: Methoden, Absichten und Ziele seiner
      Nibelungen-Überarbeitungen   67

  4.4.3. Das „Nationalepos" als „Buch für das Volk":
      Das *Nibelungenlied* als Katalysator vaterländischer Gefühle   70

  4.4.4. Von der Hagens Kritik an Bodmer   72

  4.4.5. Von der Hagens „Erneuung" und die Kritiker   72

5. Der „Nibelungen-Stoff" und die nicht-wissenschaftliche Rezeption versus *Nibelungenlied* und akademische Rezeption   77

5.1 Populäre Kultur und die Nibelungen: Beispiele der Rezeption in Musik, Literatur
   und Film   77

  5.1.1. Friedrich Hebbels „Nibelungen-Trilogie"   77

  5.1.2. Richard Wagner und der *Ring des Nibelungen*   78

  5.1.3. Fritz Langs *Nibelungen*   81

  5.1.4. „Die Nibelungen für unsere Zeit erzählt":
      Das *Nibelungenlied* in der Unterhaltungsliteratur nach 1945   82

  5.1.5. „Nibelungentreue"- das Schlagwort in der populären Kultur
      des einundzwanzigsten Jahrhunderts   85

5.2. Spuren des Interpretationsmodells von der Hagens
   in der wissenschaftlichen Rezeption des *Nibelungenliedes* nach 1945   86

6. Zusammenfassende Schlussbetrachtung   89

7. Bibliographie   93

1. Einleitung

Der Begriff „Nibelungen" ist weitgehend bekannt, und das nicht nur in akademischen oder anderweitig gelehrten Kreisen, sondern auch unter der breiten Bevölkerungsmasse[1]. Die Vorstellungen, die sich hinter diesem Begriff verbergen, sind oft vage: *Nibelungenlied*, Nibelungensage, Nibelungenstoff; Termini, die gerne in der allgemeinen Auffassung durcheinander geworfen werden.

Doch wie steht es mit dem mittelhochdeutschen Text, dem Epos, dem eigentlichen *Nibelungenlied*? Forschungsliteratur zu der nicht-akademischen Rezeption und dem allgemeinen Bekanntheitsgrad des Liedes gibt es reichlich. „Die Sage ist populär wie kaum eine andere aus dem deutschen Mittelalter"[2], sagt Jan-Dirk Müller dazu. Zu dem, was an ‚Nibelungenstoff' – ein Begriff, der benutzt wird, um beide Sage und Epos zu bezeichnen oder zusammen zu fassen[3] – heute noch im kollektiven Gedächtnis der Deutschen präsent ist, gehört unter anderem die Annahme, dass es sich bei dem Text um ein ‚Nationalepos' handle, welches in der Zeit des Nationalsozialismus zu niederen propagandistischen Zwecken missbraucht wurde, oder einen ganz und gar nicht national auslegbaren Text, den man während des Dritten Reiches ungerechterweise in solch eine Rolle gedrängt habe. Man denke an das Stichwort ‚Nibelungentreue', das bis heute noch im allgemeinen Sprachgebrauch zu finden ist.[4]

Die Rezeptionsgeschichte des *Nibelungenliedes* ist vielseitig, und dementsprechend auch die verschiedenen Deutungsmodelle, die seit seiner ‚Wiederentdeckung'[5] 1755 entstanden sind. Im Zuge des Vaterland-Diskurses des achtzehnten Jahrhunderts wurde das

---

[1] Bernhard R. Martin, *Nibelungen-Metamorphosen: Die Geschichte eines Mythos*, München 1992, S. 1.

[2] Jan-Dirk Müller, *Spielregeln für den Untergang. Die Welt des Nibelungenliedes*, Tübingen 1998, S. 6.
[3] Vgl. „Nibelungen-Rezeption.de: Ein Projekt der Universität Duisburg-Essen zur Rezeption des Nibelungenstoffes". Online: http://www.Nibelungen-Rezeption.de/ (Zugriff 01.07.2011). Vgl. ebenfalls: Mareike Müller, „Interview zu Pergamentfund: ‚Die Namen weisen auf den Nibelungenstoff hin'", in: *Spiegel Online Wissenschaft*. Online: http://www.spiegel.de/wissenschaft/mensch/0,1518,242874,00.html (01.04.2003, Zugriff: 11.07.2011).
[4] Vgl. ARD Sportmoderator Tom Bartels am 07.09.2010 über das Arbeitsverhältnis zwischen Fußball-Nationalspieler Lukas Podolski und Trainer Joachim Löw: „Einige sagen [es handele sich um] Nibelungentreue." Vgl. ebenfalls Beiträge im Sport-Forum der Bild Online über Joachim Löws vermeintlicher Nibelungentreue zum Nationalspieler Miroslav Klose: „Dein Sport, Dein Forum: Meinung Live", in: *Bild Online* (13.06.2010). Online: http://www.bild.de/community/bild/forums/Nationalmannschaft/1573994/ (Zugriff: 15.04.2011).
[5] Ein Terminus, der noch im Laufe der Arbeit angezweifelt wird, da das Nibelungenlied nicht wirklich verschwunden ist, sondern nur über lange Zeit nicht mehr rezipiert wurde.

Nibelungenlied erstmals in einen deutsch-patriotisch konnotierten Zusammenhang gebracht; ihm wurden von vielen prominenten Rezipienten Qualitäten zugesprochen[6], die sich auf die Deutschen übertragen lassen sollten, ihr sogenannter ‚Nationalcharakter':

> (...) Gastlichkeit, Biederkeit, Redlichkeit, Treue und Freundschaft bis in den Tod, Menschlichkeit, Milde und Großmuth in des Kampfes Noth, Heldensinn, unerschütterlichen Standmuth, übermenschliche Tapferkeit, Kühnheit, und willige Opferung für Ehre, Pflicht und Recht; Tugenden, die in der Verschlingung mit den wilden Leidenschaften und düstern Gewalten der Rache, der Zornes, des Grimmes, der Wuth und der grausen Todeslust nur noch glänzender und mannichfaltiger erscheinen, und uns, zwar trauernd und klagend, doch auch getröstet und gestärkt zurücklaßen, uns mit Ergebung in das Unabwendliche, doch zugleich mit Muth zu Wort und That, mit Stolz und Vertrauen auf Vaterland und Volk, mit Hoffnung auf dereinstige Wiederkehr Deutscher Glorie und Weltherrlichkeit erfüllen.[7]

Diese Übertragung vermeintlich deutscher Tugenden auf das *Nibelungenlied*, und folglich vom *Nibelungenlied* auf die Deutschen durch diese Nationalisierung des Epos, steht in engem Zusammenhang zu der Tatsache, dass es den Deutschen an einem für diese Zwecke brauchbaren ‚Nationalepos' mangelte, was sich vergleichen ließe mit der griechischen *Ilias*, der römischen *Aeneis*, oder gar dem französischen *Rolandslied*. Die Stilisierung des Epos zum ‚deutschen Nationalepos' zieht sich gleich einem roten Faden durch seine moderne Rezeptionsgeschichte; eine „Wertung, die direkt mit der Genese der Germanistik als ‚deutscher Wissenschaft' verbunden ist (...)bis zum Zusammenbruch des Dritten Reichs"[8], in der literaturwissenschaftlichen Forschung, sowie in der populärwissenschaftlichen Literatur[9].

Es ist ein Phänomen der Zeit nach 1945, dass rückblickend alles, was nationalistische Tendenzen aufweist, auf die gleiche Weise gedeutet und extrem negativ konnotiert wird, aus dem „Bedürfnis der modernen Germanistik"[10] heraus, „sich von den ‚Deutschtümeleien' der Nibelungeninterpreten des 19. und frühen 20. Jahrhunderts zu distanzieren"[11]. Der Wunsch der akademischen Rezipienten, das Werk von der Wirkungsgeschichte zu trennen, führte zu dem Ergebnis, dass „das mittelalterliche *Nibelungenlied* als ‚literarisches Original'"[12] angesehen wurde, wobei man vernachlässigt hat, „daß es sich bei dem uns überlieferten Epos um eine in einer historischen Tradition stehende Adaption eines älteren

---

[6] Vgl. Müller, *Spielregeln*, S. 7.
[7] Friedrich Heinrich von der Hagen, *Der Nibelungen Lied*, Berlin 1807, S. 467.
[8] Martin, S. 1.
[9] Vgl. ebd.
[10] Ebd., S. 2.
[11] Ebd., S. 3.
[12] Martin, S. 3.

Stoffkreises handelt, die in sich schon den Anfang der schriftlichen Nibelungen-Rezeption darstellt"[13].

Jegliche Rezeption des *Nibelungenliedes*, die nationale oder nationalistische Züge trägt, wird seit 1945 pejorativ bewertet. Seit Ende des Zweiten Weltkrieges hat die akademische Nibelungenforschung sich bemüht, sich von der einst so populären Deutung zu distanzieren[14], die maßgebend geprägt wurde durch Friedrich Heinrich von der Hagen, im frühen 19. Jahrhundert. Dieser hatte im Zuge der napoleonischen Okkupation ein Gefühl der nationalen Union fördern wollen, indem er das mittelhochdeutsche Epos publikumstauglicher machte und gleichzeitig zum ‚Nationalepos' aufwertete.

Auch wenn von der Hagens Edition sich in der wissenschaftlichen Welt nicht gegen die Karl Lachmanns behaupten konnte[15], so hat sie einen maßgeblichen Einfluss auf die allgemeine Wahrnehmung der Nibelungensage – des Nibelungenstoffes – gehabt. Es war weniger die Textausgabe, sondern mehr politische Aktualisierung, die populär, und integraler Bestandteil der Nibelungen-Rezeption geworden ist. Trotz der Versuche, nach 1945 einen anderen Weg in der Nibelungenforschung anzutreten, als den Nationalen, fällt es der Wissenschaft schwer, dieses Bild eines ‚deutschen Nationalepos', sei es auch ein künstlich kreiertes, zu ignorieren. Obwohl seitdem wiederholt darauf hingewiesen wurde, dass das *Nibelungenlied* für eine nationale Deutung gänzlich ungeeignet sei, können sich selbst Forscher, die sich kritisch mit dem Thema auseinandersetzen, nicht vollkommen von der nationalistischen Rezeption distanzieren - und sei es nur, um ihre Nicht-Existenz zu belegen. Klaus von See, z.B., beschreibt den Hof Etzels als „östlichen Barbarenhof"[16], was offensichtlich nicht dem Epos selbst entnommen wurde. Es ist allerdings eine Bewertung, die sich in von der Hagens Kommentaren zum *Nibelungenlied* wiederfindet. Dies zeigt, wie schwierig es ist, die völkisch-nationale Rezeption aus den Köpfen zu bekommen. Zwar war Friedrich Heinrich von der Hagen nicht der Erste, der das *Nibelungenlied* in neuhochdeutscher Zeit bearbeitet hat, und auch nicht verantwortlich für den späteren politischen Missbrauch des

---
[13] Ebd.
[14] Vgl. Joachim Heinzle/ Anneliese Waldschmidt (Hrsg.), *Die Nibelungen. Ein deutscher Wahn, ein deutscher Alptraum. Studium und Dokumente zur Rezeption des Nibelungenstoffs im 19. Und 20. Jahrhundert*, Frankfurt a. M. 1991, S. 8.
[15] Volker Gallé, „Die Geburtsstunde der Germanistik. Das Nibelungenlied und Friedrich Heinrich von der Hagen", in: *Die Nibelungenlied-Gesellschaft*. Online: http://www.nibelungenlied-gesellschaft.de/03_beitrag/galle/fs08_galle.html (Zugriff: 20.01.2011).
[16] Lothar Van Laak, „‚Ihr kennt die deutsche Seele nicht': Geschichtskonzeptionen und filmischer Mythos in Fritz Langs Nibelungen", in: Meier, Mischa/ Slanička, Simona (Hrsg.), *Antike und Mittelalter im Film: Konstruktion –*
Dokumentation – Projektion, Köln 2007, S. 267-283, S. 267.

Epos, aber seine Bearbeitung war so maßgebend, dass sie bis heute noch die Rezeption des Liedes und besonders die Wahrnehmung des Stoffes prägt - sei es in Fürsprache, oder im Versuch, jegliche nationale Deutung zu negieren, im populären, wie auch im akademischen Bereich.

Das *Nibelungenlied* als solches scheint sehr schwer deutbar zu sein: schon im Mittelalter hat man versucht, dem Epos Sinn zu spenden, nämlich in Form der *Klage*. Seit seiner sogenannten Wiederentdeckung im 18. Jahrhundert versuchen Akademiker, Hobbyforscher und Interessierte das Lied zu deuten, um ihm eine mehr oder minder tiefgründige Aussage zuzuweisen – oder die These zu beweisen, dass das Lied nicht wirklich zu deuten sei. Es entwickelten sich zwei Strömungen der Rezeption: die Populäre, die bis heute prägend für das „Nibelungenbild" der Allgemeinheit ist, und die Akademische, hauptsächlich geprägt durch die wissenschaftlichen Texteditionen Karl Lachmanns.

Die Auslegung des Textes, die hier als ‚populär' bezeichnet wird, basiert hauptsächlich auf derjenigen, die unter anderem durch von der Hagen geprägt wurde. Die dem *Nibelungenlied* zugeschriebene Rolle des deutschen ‚Nationalepos' entsprang dem Wunsch, vaterländische Gefühle hochzuschrauben und zu legitimieren: allein schon die Geschichte seiner sogenannten Wiederentdeckung ist geprägt von dem Wunsch, ein Epos zu finden, das wie eine *Ilias* für die Deutschen sein würde; einen autochthonen Stoff, der nicht aus dem Ausland adaptiert worden war[17]. Zu diesem Zweck wurden seit der Mitte des achtzehnten Jahrhunderts gezielt nach alten Handschriften aus dem Mittelalter gesucht, die für diesen Zweck gebraucht werden könnten; so konstatierte 1786 Johannes von Müller über das *Nibelungenlied*, welches im Auftrag Johann Jakob Bodmers aufgefunden worden war: „'Der Nibelungen Lied könnte die Teutsche Ilias werden'. Er hat damit ein Stichwort geliefert, das die Rezeption des *Nibelungenliedes* lange Zeit bestimmen und auch auf fragwürdige Wege führen sollte."[18] Dies führte sogar zu dem Versuch durch Heinrich Beta, das

---

[17] Vgl. Wolf-Daniel Hartwich, Deutsche Mythologie. Die Erfindung einer nationalen Kunstreligion, Berlin 2000, S. 163. Vgl. ebenfalls Müller, *Spielregeln*, S. 8.

[18] Gerold Bönnen/ Volker Gallé [Hrsg.], *Der Mord und die Klage. Das Nibelungenlied und die Kulturen der Gewalt. Dokumentation des 4. Symposiums der Nibelungenliedgesellschaft Worms e.V. vom 11. bis 13. Oktober 2002*, Worms 2003, S. 107.

Nibelungenlied unter die Reihe der Volksbücher zu stellen[19]; wobei bemerkt werden muss, dass der Begriff Volksbuch in diesem Fall sehr schwer zu definieren ist[20].

Die moderne Nibelungen-Rezeption ist, trotz aller Versuche, alle völkischen und nationalen Interpretationen zu widerlegen, nach wie vor geprägt von der Völkischen-Nationalen. Dies hat dazu geführt, dass Akademiker dem Lied eine Bedeutung zugesprochen haben, die eine Negativkopie dessen ist, was von der Hagen hat verbreiten wollen: nicht-national, nicht-völkisch, und vor allem nicht-vorbildlich in irgendeiner Art- und um das zu beweisen, werden Elemente benutzt, die erst durch jene Art der Rezeption zustande gekommen sind.

1.1. Inhalt und methodische Ansätze

Die Frage ist: was geschieht mit dem Epos, wenn man sich mit ihm beschäftigt, ohne seine Rezeptionsgeschichte zu berücksichtigen? Ist es überhaupt möglich, ein solches Verfahren der Textanalyse anzubringen, und zu irgendwelchen befriedigenden Ergebnissen zu kommen?

In dieser Arbeit wird die These getestet, dass es keine Rezeption des *Nibelungenliedes* gibt, die nicht direkt oder indirekt beeinflusst ist durch seine eigene, semantisch aufgeladene Rezeptionsgeschichte. Diese ist maßgeblich gekennzeichnet durch die völkisch-nationale Deutung Friedrich Heinrich von der Hagens; diejenige, die im Bewusstsein der Allgemeinheit überlebt hat und auch bis heute noch Echos in der wissenschaftlichen Bearbeitung findet, gewollt oder nicht.

Es wird die Frage gestellt, wie Bedeutungen beim Verstehen von Texten überhaupt zugewiesen werden, und was gewisse Deutungsmodelle dazu bringt, sich durchzusetzen. Schließlich hat sich in der Wissenschaft die Bearbeitung Karl Lachmanns behauptet, aber die semantischen Zuordnungen, die durch von der Hagen durchgenommen wurden, lassen sich während der gesamten neueren Rezeptionsgeschichte des *Nibelungenliedes* finden. Inwiefern ist die Wissenschaft überhaupt in der Lage, sich von so viel subjektiver Bedeu-

---

[19] Vgl. Heinrich Beta, *Das Nibelungenlied als Volksbuch. In neuer Verdeutschung. Mit einem Vorwort von Friedrich Heinrich von der Hagen*, Berlin 1840.
[20] Hans Joachim Kreutzer: *Der Mythos vom Volksbuch: Studien zur Wirkungsgeschichte des frühen deutschen Romans seit der Romantik*, Stuttgart 1977, S. 2 ff.

tungszuweisung loszusagen? Kann eine frühe semantische Prägung so wirksam sein, dass sie in den Köpfen der Rezipienten weiterwirkt, selbst wenn sie sich davon lossagen *wollen*?

Um zu begreifen, was wir mit dem Text machen, müssen wir verstehen, was der Text mit uns macht – ohne seinen geschichtlichen Kontext ist er undeutbar, da die verschiedenen Strömungen, die in ihm vereint sind, kein kohärentes Bild ergeben. Mit seiner Geschichte ist der Text dermaßen semantisch überladen, dass er sich der Deutung entzieht. Es soll hier nicht bewiesen werden, dass eine nationale Deutung seine Berechtigung hat, oder das Gegenteil. Es soll aber untersucht werden, inwiefern es überhaupt möglich ist, sich als Rezipient von der ‚populären' Deutungsgeschichte des *Nibelungenliedes* zu entfernen, wenn man sich mit demselben beschäftigt, und inwiefern das denn auch tatsächlich geschieht. Kontextfrei ist der Text in seiner Gesamtheit kaum zu begreifen. Innerhalb des Kontextes seiner Rezeptionsgeschichte entzieht sich der Text unserer Deutung, da er semantisch saturiert ist. Erklärt sich das Textverständnis aus seiner Rezeptionsgeschichte heraus?

Diese Fragen sollen in der vorliegenden Arbeit untersucht werden. Zu diesem Zweck werden als erstes gewisse Begriffe definiert und voneinander abgegrenzt, sowie ihr Zusammenhang zur frühen Nibelungen-Rezeption erklärt, u.a. ‚Sage', ‚Epos' und ‚Volksbuch'. In einem nächsten Schritt wird auch auf den germanisch-heroischen Stoff und seine Rezeption eingegangen, sowie auf die Begriffe ‚deutsch' und ‚germanisch' und ihren Einfluss auf die frühe Rezeption des *Nibelungenliedes* und –Stoffes, sowie auf die Schwierigkeiten, die eine Deutung des Epos mit sich bringt.

In einem nächsten Abschnitt werden die Theorien vorgestellt, die Textverständnis, Rezeptionstheorien, Rezeptionsästhetik und die Psyche des Lesers erläutern. Ohne diese ist es nicht möglich zu analysieren, inwiefern der Rezipient auf den Text einwirken kann – oder wie er das benutzt, was er über den Text weiß, um ihm Bedeutung zuzuweisen. Anschließend wird ein Abriss der Rezeptionsgeschichte des *Nibelungenliedes* geliefert - von der Zeit von der Hagens bis in die Zeit nach dem ideologischen Zusammenbruch von 1945. Es soll dargestellt werden, wie von der Hagen das Epos bearbeitet hat, warum und wozu, und wie sich sein Einfluss in der Rezeption des Textes auswirkt.

Zu diesem Zweck wird auch darauf eingegangen, wie Zeitgenossen seine Arbeit bewertet haben, und welchen direkten und indirekten Einfluss er durch sein Werk auf die

Nibelungenforschung, sowie auf die Popularität des Stoffes hatte. Speziell werden auch die Deutungstradition und die Schwierigkeiten einer Deutung dargelegt, denn dies ist wichtig um zu beweisen, dass auch die anti-nationale Rezeption stark von der frühen, ‚völkischen' geprägt ist. Zudem werden zwei verschiedene Rezeptionstraditionen unterschieden: Nibelungen-Stoff und breite Masse (alles, was nicht akademisch ist) versus *Nibelungenlied* und akademische Rezeption.

1.2. Gedanken über die verwendeten Quellen

Bei der Recherche zu diesem Thema wird klar, dass einschlägige Literatur zur Nibelungenforschung und –Rezeption nicht ausreichen würde, um zu eindeutigen Schlüssen zu kommen. Aus diesem Zweck musste auf die Themen des Textverständnisses und der allgemeinen Literaturrezeption eingegangen werden, um die Möglichkeiten einer kontextfreien Rezeption und Interpretation des *Nibelungenliedes* zu untersuchen, was für die zentrale These dieser Arbeit von großer Bedeutung ist. Deswegen wurde Literatur aus der Linguistik verwendet, vor allem von Antoine Compagnon, Burghard Damerau, und Sven Strasen.

Ein weiterer Aspekt der Arbeit, der sich mit dem Fortleben gewisser durch die frühen Nibelungen-Rezipienten geprägter Begriffe in der Allgemeinheit beschäftigt, machte es notwendig, auf eine Reihe von Internetquellen zurückzugreifen, die ein breites Spektrum mehrerer Bevölkerungs- und Bildungsschichten der modernen Gesellschaft darstellten. Dazu gehören sowohl Artikel aus wissenschaftlichen Zeitschriften, online Ausgaben von Tageszeitungen, und populäre Sport-Foren.

Für das Thema des *Nibelungenliedes* in seiner ihm zugewiesenen Funktion als ‚Nationalepos', sprich einer bestimmten Funktion, die es zu erfüllen hatte, und welche seine spätere Rezeption maßgeblich prägte, werden abgesehen von Forschungsliteratur aus dem späten zwanzigsten, frühen einundzwanzigsten Jahrhundert (darunter prominent Joachim Heinzle, Jan-Dirk Müller, Klaus von See, Lerke von Saalfeld, Otfrid Ehrismann und Volker Gallé als prominenteste Vertreter) eine Mehrzahl an Werken aus dem neunzehnten Jahrhundert, die sich mit dem Thema befassen, verwendet. Die wichtigsten unter ihnen wurden verfasst von Friedrich Heinrich von der Hagen, Johann Gustav Büsching, Jacob Grimm, Andreas Heusler und Karl Lachmann. Dies sind vor allem die Werke, die als Grundlage dieser Arbeit dienen, und auf die hier präsentierten Thesen sich stützen.

2. Die Nibelungen: Von „Sage" über „Epos" zum „Volksbuch"

2.1. Das Umfeld der Entstehung des Heldenepos *Nibelungenlied*

Im Literarischen Grundriß Johann Gustav Büschings und Friedrich Heinrich von der Hagens heißt es gleich im Vorwort, dass vor dem Aufkommen des Romans im fünfzehnten und sechzehnten Jahrhundert, „der bedeutendste Teil der Deutschen Literatur"[21] der ‚Poesie' angehört habe. Ein Typus dieser Poesie sei das „umfassende Epos"[22]:

> [D]ieses, wie es die älteste, zuerst ausgebildete Gattung ist, macht daher auch den Anfang; und ursprünglich eins mit der Geschichte, als ihr erster natürlicher Ausdruck bildet sie diese zugleich fortgehend in sich ab. Da von Deutschland die neue Welt ausging, so ist das ursprünglich Deutsche Nazionalepos, die mythische Geschichte des heroischen Zeitalters der Völkerwanderung, das älteste und erste, in der ganzen neuen Poesie: nur das mit ihm in der Wurzel verflochtene Nordische Epos kann ihm den Vorgang streitig machen (...) Obgleich nun die vollendete Ausbildung des Deutschen Nazionalepos auch erst in dieser Hauptperiode hervorgegangen, so fällt sie doch am meisten in den Anfang derselben, und aus der früheren Zeit haben wir Denkmale dieser Art übrig, wie sie kein neues Volk von dem Alter aufzuweisen hat. .[23]

Die Theorien der Entstehung einer deutschen Literatur, die als ‚national' gewertet werden konnte, wurden besonders im neunzehnten Jahrhundert durch die Romantiker populär; es waren Theorien, die sich im Zuge der Suche nach einem positiven Gründungsmythos für das Deutsche Reich gebildet hatten, und die sich gleich einem roten Faden durch die deutsche Literaturwissenschaft zogen, vom späten achtzehnten Jahrhundert bis zum Schicksalsjahr 1945[24]. Für das Verständnis der Tragweite dieses Interpretationsmodells ist es wichtig, einen Blick auf die zeitgeschichtlichen Bedingungen zu werfen, welche die Entstehung des *Nibelungenliedes* ermöglicht haben. Später soll darauf eingegangen werden, inwiefern Text eine nationale Rezeption überhaupt ermöglicht, und wie es den Forschern des ‚nationalen' Modells dennoch gelang, das Werk so zu interpretieren, wie es ihren Zwecken diente.

Für die Ausbreitung volkssprachlicher – d.h. mittelhochdeutscher Literatur im zwölften Jahrhundert gab es eine Reihe wichtiger Faktoren: Veränderungen in der Sprache sowie in den poetischen Formen (der Endreim setzt sich gegen den Stabreim

---

[21] Johann Gustav Büsching/ Friedrich Heinrich von der Hagen, *Literarischer Grundriß zur Geschichte der Deutschen Poesie von der ältesten Zeit bis in das sechzehnte Jahrhundert*, Berlin 1812, S. iii.
[22] Ebd.
[23] Ebd., S. 8/9.
[24] Vgl. Martin, S. 136 ff.

durch) gehören dazu. Der wichtigste Faktor allerdings ist allerdings sicherlich die Tatsache, dass im zwölften Jahrhundert nicht nur religiöse Einrichtungen und der Kaiserhof sich um die Produktion und Pflege literarischer Texte bemühen[25]. Zu diesem Zeitpunkt beginnt der hohe Adel „in allen Bereichen (Verwaltung, gesellschaftliche und wirtschaftliche Organisation, Architektur und Kultur) die Repräsentationsformen des Kaisers nachzuahmen. So kommt es, dass die Adelshöfe über ihr Mäzenatentum die Komposition literarischer Werke fördern"[26].

Bei der Förderung dieser neuen, volkssprachlichen Literatur allerdings sind die heroischen Stoffe „über Hildebrand, Siegfried, Walther, Wieland, Gunther und Hagen, die in der mündlichen Tradition der Aristokratie gewiss noch präsent waren"[27], abwesend. Das Interesse des Adel gilt eher Themen, die sich nach der römisch-christlichen Weltordnung richten und ihm vom klerikalen Schrifttum nahegelegt werden, denn das Geschichtsverständnis der hohen Adligen des zwölften Jahrhunderts war ein „imperiales und christliches"[28], wonach „die Heldensagen zu Geschichten werden, die in einer Vorzeit angesiedelt sind, nämlich in der Zeit vor der Integration der gentes in das römische Reich und seine Kultur"[29].

Das Interesse gilt also zunächst jenen Stoffen, die wohl schon seit Generationen im Umlauf waren, und sich mit diesem christlichen Weltbild vereinbaren lassen, und die auf die ritterlichen Werte des Adels des zwölften Jahrhunderts übertragbar sind[30]. Dazu gehören „[d]ie griechisch-lateinischen Geschichten von Alexander (…), dem Krieg um Troja, oder Äneas"[31], sowie „Erzählungen über Karl den Großen und seine Paladine"[32]. In dieser Phase waren die Sagen aus der Zeit der Völkerwanderung anscheinend für eine derartige Anpassung ungeeignet. Die Motivationen und Beweggründe der vorchristlichen Helden waren der Mentalität des adeligen Publikums zu diesem Zeitpunkt wohl noch zu fremd, als dass es sich lohnen würde, diese Stoffe zu aktualisieren[33].

---

[25] Vgl. Victor Millet, *Germanische Heldendichtung im Mittelalter*: Eine Einführung, Berlin 2008, S. 175.
[26] Millet, S. 176.
[27] Ebd.
[28] Ebd.
[29] Ebd.
[30] Ebd., 178.
[31] Millet, S. 177.
[32] Ebd, S. 178.
[33] Vgl. Millet, S. 178.

In diesem Umfeld entsteht aber nun um die Wende vom zwölften zum dreizehnten Jahrhundert das anonyme *Nibelungenlied*, ein ritterliches Epos, welches von den alten Helden Siegfried, Hagen, Gunther und Dietrich handelt[34]. Die Ausgestaltung des Epos ist ritterlich, sein Stoff jedoch gehört zur germanischen Heldendichtung „und schließt sich mit einer Reihe zeitlich und örtlich weit auseinanderliegender Literaturwerke zu einer Gruppe zusammen"[35]. Es ist eins der großen Werke der Stauferzeit, welches aber aufgrund „seiner scheinbaren Isoliertheit im literaturgeschichtlichen Umfeld[36] oft als ein erratischer Block bezeichnet"[37] wurde. Wie kann man die Entstehung eines solchen Werkes, das stofflich aus dem sogenannten *heroic age,* der germanisch-heroischen Zeit der Völkerwanderung stammt[38], in seiner Zeit erklären? Die Romantiker dachten, es sei eine Form der Heldendichtung, die zu später Zeit den „Sprung in die Schriftlichkeit[39]" erreicht habe, jedoch ist diese These nicht haltbar:

> Wir stehen nicht vor einem altmodischen Text, der spät auf die Bühne der Schriftlichkeit gelangt, sondern vor einer Dichtung von großer literarischer Qualität, deren Autor mit Geschick und Souveränität alle Möglichkeiten auszuschöpfen wusste, die ihm die Literatur des späten 12. Jahrhunderts bot. Das ‚Nibelungenlied' kann nur als Produkt dieser literarhistorischen Zeit angesehen werden und muss als solches verstanden werden.[40]

Die Art und der Grund seiner Entstehung sind auch nicht die einzigen Fragen, welche die Beschäftigung mit dem *Nibelungenlied* schon seit Mitte des achtzehnten Jahrhunderts aufwirft. So wurde besonders im neunzehnten Jahrhundert der Text Objekt erhitzter philologischer Diskussionen und ideologischer Ansprüche[41]:

> [D]as ‚Nibelungenlied' [ist] zweifellos auch diejenige mittelalterliche Dichtung, die am meisten unter ideologischen und politischen Vereinnahmungen und Missbräuchen im 19. Und 20. Jahrhundert gelitten hatte, von seiner Stilisierung zur ‚deutschen Ilias' und seiner Einschätzung als Vermittler einer germanischen Nationalpoesie bis hin zur Schändung seines Namens im Dienste eines militaristischen Patriotismus.[42]

---

[34] Vgl. Ebd.
[35] *Das Nibelungenlied. Mittelhochdeutsch- neuhochdeutsch.* Nach der Ausgabe von Karl Bartsch, hrsg. Von Helmut de Boor, 22. revidierte und von Roswitha Wisniewski ergänzte Auflage, Wiesbaden 1996 (Deutsche Klassiker des Mittelalters), S. vii.
[36] Volker Gallé, „Das Nibelungenlied und Europa", in: *Die Nibelungenlied-Gesellschaft.* Online: http://www.nibelungenlied-gesellschaft.de/03_beitrag/galle/galle_fs2.html (Zugriff 02.02.2011).
[37] Millet, S. 178.
[38] Martin, S. 45.
[39] Millet., S. 179.
[40] Ebd.
[41] Vgl. Gunter E. Grimm, „Die Literarische Rezeption des Nibelungenstoffes", in: *Nibelungen-Rezeption.de* (18.02.2008). Online: http://www.Nibelungen-Rezeption.de/literatur/quellen/Texte%20chronologisch.pdf (Zugriff: 03.05.2011).
[42] Millet, S. 179.

Doch von der Entstehung des *Nibelungenliedes* um die Wende des zwölften zum dreizehnten Jahrhundert bis zu seiner Postulierung als „Nationalepos"[43], „Ilias des Nordens"[44], „Heldenbuch"[45] oder gar „Volksbuch"[46] im Falle Heinrich Betas' Verleger, welches nicht einem Einzelnen, sondern der gesamten deutschen Nation gehöre[47], sind es mehrere Jahrhunderte. Zunächst ist es wichtig, ein paar Begriffsabgrenzungen vorzunehmen: Was genau ist gemeint, wenn in der Forschungsliteratur von ‚Nibelungensage', ‚Nibelungenmythos', ‚Stoffkreis' oder ‚Volksbüchern' gesprochen wird? Und wie bezieht sich das auf die Entwicklung der ‚national' gerichteten Rezeption des *Nibelungenliedes*? Auf diese Fragen wird im folgenden Abschnitt eingegangen.

2.2. Das *Nibelungenlied*: Heldensage, Stoffkreis, Mythos: Begriffsdefinitionen und -abgrenzungen

Nach dem Ende des Zweiten Weltkrieges wendete sich die Nibelungenforschung weitgehend von der ‚völkischen' Rezeption ab und konzentrierte sich stattdessen auf den Text selbst, um ihn aus seiner Entstehungszeit heraus zu begreifen[48]. „Die stoffgeschichtlichen Grundlagen des *Nibelungenliedes*, die sich im historischen Dunkel der oral poetry verlieren, mußten auf Grund ihrer Nähe zu völkisch-nationalen Aneignungsmodellen in den Hintergrund treten"[49]. Werkimmanente Interpretationen allerdings bleiben immer problematisch, denn das Epos weist Brüche in der Kontinuität auf, die den Rezipienten zu keiner einheitlichen Deutung kommen lassen[50]. Die Begriffe ‚Heldenepos', ‚Sage' und ‚Stoff', die in der Rezeption des *Nibelungenlieds* immer wieder auftauchen, lassen ahnen, dass der Inhalt des Textes einen weitaus älteren Hintergrund hat, als die Zeit, in der es geschrieben wurde von dem bis heute anonymen Dichter.

Was genau ist der sogenannte Nibelungenstoff- das, was sich inhaltlich im *Nibelungenlied* wiederfindet, ganz gleich, ob es in der Herkunft Märchen, Mythos oder Sage

---

[43] Otfrid Ehrismann: „Nibelungenlied und Nationalgedanke. Zur Geschichte und Psychologie eines nationalen Identifikationsmusters", in: *Damals. Zeitschrift für geschichtliches Wissen*, Gießen 1980, S. 942-960, S. 953.
[44] Ebd., S. 950.
[45] Heinrich Beta, *Das Nibelungenlied als Volksbuch. In neuer Verdeutschung. Mit einem Vorwort von Friedrich Heinrich von der Hagen*, Berlin 1840, S. v.
[46] Vgl. ebd., S. 342.
[47] Friedrich Heinrich von der Hagen, *Der Nibelungen Lied*, Berlin 1807, S. 496.
[48] Martin, S. 31.
[49] Ebd., S. 31.
[50] Vgl. Bert Nagel, *Das Nibelungenlied. Stoff- Form- Ethos*, Frankfurt a.M. 1970 (1965), S. 7 ff.

war? „Das NL [Nibelungenlied] erzählt eine heroische Vorzeitgeschichte und verpflanzt sie zugleich in eine hochmittelalterliche Lebenswelt (...)."[51] Trotzdem „finden sich (...) [im Text] vorhöfische, vorritterliche Züge, und die Fabel selbst ist ‚grundheidnisch'"[52]. Das Resultat ist ein vielschichtiges Werk, welches eine „Vereinbarung des Unvereinbaren"[53] kreiert, „eine Konzeption, die noch die Spuren ihres kompilatorischen Ursprungs verrät"[54].

Beim Vergleich der „stofflich-motivlich nah Verwandten Trias Mythos- Heldensage- Märchen"[55] fällt auf, dass es sich inhaltlich bei der Heldensage um Begebenheiten handelt, die größtenteils Bezug nehmen auf echte, historische Personen. „Der Fall Trojas, (...) der Untergang der Burgunden, der Hunnenkönig Attila, den die Nibelungenüberlieferung als Etzel bzw. Atli kennt, und der Gote Theoderich, der in Dietrich von Bern weiterlebt, sind nur die bekanntesten Beispiele."[56] Mehrere Sagen liegen dem *Nibelungenlied* zugrunde, u.a. die des Burguntergangs und jene von Siegfrieds Tod, aber es finden sich ebenfalls „Elemente der Dietrichepik und wohl auch noch andere Episodenlieder zu den Quellen des Nibelungenepos"[57].

Woher aber kommen diese Sagen, die im mittelalterlichen Epos zu einem großen Ganzen vereint werden? Heldensage ist entstanden nach einer Epoche großer politischer Veränderungen, und aus diesem „heroischen Zeitalter"[58] werden „Stoff und Protagonisten"[59] entnommen. Die „Hauptzeit der germanischen Sagenbildung"[60] war die Zeit der Völkerwanderung. Diese Sagen aus dem sogenannten *heroic age*, die ‚Heldensagen', haben wenigstens einen Kern von historischer Wahrheit[61]. Dabei ist auffällig, dass historische Personen in diesen Geschichten oft zu Zeitgenossen gemacht werden, oder zu Verwandten, auch wenn ihre Lebzeiten lange auseinander liegen[62]. Zu diesen gesellen sich noch andere Ursprünge des stofflichen Inhaltes, den der Autor des *Nibelungenliedes* in seinem Werk vereint hat:

---

[51] Ebd., 12.
[52] Ebd.
[53] Ebd.
[54] Ebd.
[55] Matthias Teichert, *Von der Heldensage zum Heroenmythos: vergleichende Studien zur Mythisierung der nordischen Nibelungensage im 13. und 19./20. Jahrhundert*, Heidelberg 2008, S. 22.
[56] Ebd.
[57] Nagel., S. 13.
[58] Vgl. Teichert, S. 22.
[59] Ebd.
[60] Nagel., S. 13.
[61] Vgl. Das Nibelungenlied, S. ix.
[62] Vgl. Teichert, S. 23.

Aber neben diesen historisch bedingten Heldensagen gibt es auch solche, die sich nicht (...) auf geschichtliche Vorgänge zurückführen lassen. Neben der Geschichte werden vielmehr auch Mythos und Märchen als mögliche Keimzellen heroischer Sagenentwicklung angenommen. Daß das NL gleichzeitig an diesen drei Schichten heroischer Sage teilhat, daß es also im Burgunderuntergang auf geschichtlicher Heldensage fußt, im Bereich der Siegfriedfabel jedoch märchenhafte Motive (...) aufweist und endlich an entscheidenden Stellen auch Mythisches aufscheinen läßt, bestimmt nicht zuletzt den gestalterischen Reiz und künstlerischen Rang dieser Dichtung. Zugleich bedingt es aber die interpretatorische Schwierigkeit, in solcher Vielfalt die intendierte Einheit noch wahrzunehmen, und erhöht die Gefahr, die Sonderung der Schichten in gewaltsame Zerstückelung ausarten zu lassen.[63]

Sagen- und märchenhafte Stoffe wurden verbunden und übertragen auf die höfisch-ritterliche Realität des Staufischen Zeitalters[64]. Das *Nibelungenlied* beinhaltet Heldensage, lässt aber die Figuren ritterlich handeln[65], das heißt der germanische, ursprünglich heidnische[66] Mythos wird adaptiert, vom Autor für seine eigene Zeit nützlich gemacht[67]. Bei dieser Transformation wird ein eventueller historischer Kern irrelevant, und alles wird zum Stoff, der den Inhalt des Epos darstellt:

[R]eale Ereignisse werden nach einem gewissen Zeitraum im kollektiven Gedächtnis der menschlichen Überlieferung ihres historischen Kontexts beraubt und vor dem Hintergrund des geltenden Weltbildes (Grundmythos) zu Archetypen umgeformt, die dann dazu dienen, dieses Weltbild zu stützen.[68]

Die germanische Heldendichtung gibt keine historische Realität akkurat wieder, sondern macht Gebrauch von „großen Gestalten und formt sie zu Idealbildern einer adlig-kriegerischen Schicht, die bereit sind, ein verpflichtendes Sittengesetz in ausweglosen Situationen bis zum Tode zu erfüllen."[69] Es sind die grundlegend menschlichen Erfahrungen von „Daseinslust und Tod, Glanz und Zusammenbruch in raschem Wechsel ist die Wirklichkeit, aus der die Helden des NLes leben."[70] Durch die Erhöhung der großen Persönlichkeiten eines Volkes „entstehen Lebensbilder, die als typisch, vielleicht als vorbildlich empfunden werden"[71]; ein Spiegel der Vorzeit dieses Volkes. Dieser Vorgang der „Mythisierung des Stoffes"[72] lässt sich im Falle der indogermanischen Epen nachweisen. Es ist „der Prozeß der Überführung eines Ereignisses aus einem Kontext in den

---

[63] Nagel, S. 13.
[64] Vgl. Ebd., S. 7 ff.
[65] Lutz Mackensen, *Die Nibelungen. Sage, Geschichte, ihr Lied und sein Dichter*, Stuttgart 1984, S. 17.
[66] Martin, S. 37.
[67] Martin., S. 36.
[68] Martin., S. 34.
[69] Das Nibelungenlied, S. ix.
[70] Ebd.
[71] Mackensen, S. 14.
[72] Martin., S. 36.

anderen"[73]. Was aber genau wird hier als Mythos verstanden, und wie verhält dieser sich zur Heldensage?

Andreas Heusler sagt zu diesem Zusammenhang:

> Soviel ist klar: die germanischen Heldensagen enthalten unzweifelhaft mythische Teile, das Wort „mythisch" im gewöhnlichen, landläufigen Sinn genommen: es treten Alben und Zwerge auf, Wassertrolle und Drachen, also Wesen des Dämonenmythus; wir finden die Motive der Seelenschlacht, des wiederkehrenden Toten, des Gestaltentausches, des Werwolfzaubers, also Stoff aus dem Seelenglauben, usw.[74]

Der Begriff Mythos bedeutet mehr als nur das bereits genannte, „von der ‚urmenschlichen Gottesoffenbarung' bis zum geschichtlich ‚Nichtgeschehenen', d.h. Märchenhaften in den Heldensagen"[75]. Dazu gehört der Versuch des Menschen, sich Begebenheiten, die er nicht versteht, erklären zu wollen, die Welt, den „Ursprung, Sosein und Ziel"[76] zu begreifen, wenn er sie auch nicht beherrschen kann:

> Der ehemals geschichtliche Kern einer Erzählung ist durch den Assimilationsvorgang mit dem geltenden Grundmythos fast bis zur Unkenntlichkeit verändert, scheinbar Bestandteil eines vorzeitlichen Mythos geworden und dient als solcher zur Untermauerung des geltenden Weltbildes. Diese <u>Arbeit des Mythos</u> wird allerdings dann behindert oder sogar unmöglich, wenn es zu einem Mythenwechsel kommt, d.h. wenn der Grundmythos, vor dem die (S. 35) einzelne Mythe (...) ihren Geltungsanspruch besaß, seine Gültigkeit verliert und durch einen anderen Grundmythos ersetzt wird. An dieser Stelle versucht die Rezeption, die <u>Arbeit am Mythos</u>, den alten Stoff den neuen Gegebenheiten anzupassen und damit seine Wirksamkeit weiterhin zu garantieren.[77]

Diese Art von Bruchstelle lässt sich im *Nibelungenlied* häufig vorfinden, wo der Autor versucht hat, sich vom heidnisch-germanischen Grundmythos freizumachen und den Stoff umzugestalten, damit er „für das neue, christlich-höfische Weltbild brauchbar"[78] werden konnte. Dabei hat es sich offensichtlich als unmöglich erwiesen, das Epos komplett von seinem heidnischen Ursprung zu befreien und in den neuen Kontext einzuführen: „Das mythische Urgestein blieb sichtbar, mußte auch sichtbar bleiben, um die Leser/Zuhörer, die den Stoff in seiner alten Form kannten, nicht zu sehr zu enttäuschen"[79].

---

[73] Ebd.
[74] Ebd., S. 41.
[75] Ebd., S. 42.
[76] Ebd., S. 43.
[77] Martin., S. 36.
[78] Ebd.
[79] Ebd.

2.3 Der germanisch-heroische Stoff und seine Rezeption

Während der modernen Geschichte der Rezeption des *Nibelungenliedes* ist es schon oft versucht worden, seinen germanisch-heroischen Stoff, d.h. übertragen seinen vermeintlich historischen Kern[80] zu ermitteln. Friedrich Heinrich von der Hagen, der von „Ur-Geschichte"[81] der Nibelungen spricht, vermutet in den Hauptfiguren des Epos im Ursprung mythische Gestalten, aber auch historische Personen:

> [E]s läßt sich darthun, daß auch bei uns Siegfrieds Leben und Tod, die Klage, und der Nibelungen Noth, (...) nichts anders ist, als das Leben und der Tod Baldurs des Guten, der Untergang aller Götter in der Götterdämmerung: die der Götter- und Menschen-Krieg von Troja Erneuung der Giganten- und Titanen-Schlacht, welche hier bedeutsam am Anfange der Mythologie steht, dagegen im Norden am Ende – also, jener unter mancherlei Namen und Gestalten überall vorkommende Ur-Mythus von Leben, Tod und Wiedergeburt, von Schöpfung, Untergang und Wiederkehr der Zeiten und Dinge überhaupt.[82]

Von zu direkten Vergleichen zwischen den Figuren des Epos und historischen Personen sieht von der Hagen ab, abgesehen von Parallelen, die er zwischen dem Kampf Attilas des Hunnen gegen die Christen und dem der Ungarn gegen die Deutschen zu sehen glaubt[83]. Allerdings zieht er eine Linie von der Zeit, in der das *Nibelungenlied* geschrieben wurde, zu der Epoche der Völkerwanderung:

> Das ist der Mythus, zugleich die Ur-Geschichte, in den Nibelungen. Nicht minder finden wir aber darin auch die wirkliche, davon sich trennende Geschichte unseres Volkes in ihren bedeutendsten Zügen, von der ältesten Zeit her: die Völkerwanderung (...), dann die jüngere Heldenzeit unter den Heinrichen und Ottonen, in Rüdiger und Pelegrin, die Darstellung und Belebung all dieser uralten Namen, Gestalten und Sagen durch die aus demselben Boden am herrlichsten aufgeblühte Zeit des letzten großen Dichters: die freilich wol schon vorbereitete Umbildung und Milderung des alten grauenvollen Mythus, wie er noch im Norden dämmert (...); die Verwandlung der urmythischen in menschliche und herzliche Verhältnisse, kurz, der ganzen großen Geschichte in eine fast durchaus wahrscheinlich und gleichsam gleichzeitige, Christlich-Deutsche Rittergeschichte, an welcher der Dichter selber herzlich Theil nimmt, auch wohl Befreundetes darin verherrlichte, und als der reinste und tiefste Spiegel seiner ganzen Zeit vor uns steht.[84]

---

[80] Vgl., Joachim Heinzle, „Die Nibelungensage als europäische Heldensage", in :Heinzle, Joachim/ Klein, Klaus/ Obhof, Ute (Hrsg.), *Die Nibelungen: Sage – Epos – Mythos*, Wiesbaden 2003, S. 3.
[81] Friedrich Heinrich von der Hagen, *Die Nibelungen: Ihre Bedeutung für die Gegenwart und für immer*, Breslau 1819, S. 38.
[82] Hagen, *Die Nibelungen*, S. 37/38.
[83] Vgl. ebd., S. 40.
[84] Ebd., S. 38/39.

In den Heldenliedern der *Edda* finden sich die „ältesten überlieferten Vorstufen des Nibelungenstoffs"[85], deren Entstehungszeit sich irgendwann in der Mitte des dreizehnten Jahrhunderts ansiedeln lässt, und die in einer Handschrift aus der Zeit der Wende zum vierzehnten Jahrhundert überliefert sind[86]. Von den Liedern der *Edda*, die den Nibelungenstoff behandeln, ist u.a. auch von Andreas Heusler versucht worden, geschichtliche Grundlagen zu ermitteln und entschlüsseln. Seiner Theorie zufolge lassen sich durchaus historische Entsprechungen der Figuren aus dem Nibelungenstoffkreis finden: „Gunnar (Gunther) und Giselher (nord. Guttorm) = die Burgunden Gundiharius und Gislaharius († 437); Atli/Etzel = Attila († 453); sein Bruder Blœdel = Bleda († 444/445) und Dietrich von Bern/ Þiðrek = der Ostgote Theoderich († 526)"[87].

Auch über Sigurd/Siegfrieds mögliche geschichtliche Vorlage gibt es viele Theorien, „von Arminius bis zu einem Frankenkönig"[88], von denen allerdings keine auch nur im entferntesten belegbar ist[89] und deswegen nicht überzeugen kann. Es war Otto Höfler, der 1961 die These aufstellte, bei Siegfried handele es sich um den Cheruskerfürsten Arminius, wobei dann der Drachenkampf des Epos als eine mythisierte Version der Varusschlacht im Teutoburger Wald zu verstehen wäre; die Römer so wie der Drache wurden besiegt[90]. Die Argumente Höflers klingen teilweise relativ überzeugend, wenn man den Drachenkampf begreift als ein mythisches Modell, dessen Grundlage ein historisches Ereignis bildet[91]. Dazu kommen noch die Theorien um den Namen Siegfried:

> Der Name Arminius ist nicht originär, da die Sippe der Cheruskerfürsten soweit die Quellen dies bezeugen - sämtlich mit der gleichen Silbe „Segi" beginnen, sein Vater z.B. hieß Segimerus. Arminius ist wohl nur eine lateinische Angleichung. Der Stammesname „Cherusker" lässt sich übersetzen mit „Hirschvolk" und verrät uns dadurch auch eine starke Hirschsympathie. Diese Verbundenheit zum Hirsch ist bei dem Siegfried der Nibelungensage Legion (...).[92]

Die Drachensymbolik kann Höfler auch erklären, indem er mutmaßt, dass der Drache zu Zeiten des Augustus – sprich des Arminius – ein Heeressymbol der Römer gewesen sein könnte, was sich vielleicht für jene Zeit nicht sicher nachweisen ließe, aber für

---

[85] Martin, S. 45.
[86] Vgl. ebd.
[87] Martin, S. 60.
[88] Ebd.
[89] Vgl. ebd.
[90] Eichfelder, „Der Drachenkampf in der Nibelungensage", in: *Die Nibelungenlied-Gesellschaft*. Online: http://www.nibelungenlied-gesellschaft.de/03_beitrag/eichfelder/eichf_fs1.html (Zugriff: 12.06.2011).
[91] Vgl. ebd.
[92] Ebd.

nicht viel später[93]. So würde der Sieg in der Schlacht gegen den römischen Feind auch gleichzeitig ein Sieg über den Drachen. Höfler sieht auch weitere biografische Parallelen zwischen Arminius und Siegfried – z.B. dass beide frühzeitig durch einen hinterhältigen Anschlag ums Leben gekommen sind, durch die Hand von Verwandten. Heutzutage gilt Höflers These als ziemlich fragwürdig, und zwar aus mehreren Gründen. Zum einen lassen sich die Parallelen, die er (und viele seiner Zeitgenossen mit ihm[94]) zwischen Siegfried und Arminius sieht, in keinem Fall beweisen. Außerdem verlegt er die Varusschlacht, um seiner Theorie gerecht zu werden, an einen anderen Platz, als dem, an dem sie Archäologen zufolge tatsächlich stattgefunden hat[95].

Dem Unvermögen, direkte historische Bezüge für Geschehnisse und Figuren des Nibelungenstoffkreises zu finden, zum Trotz, wurden lange Theorien eines geschichtlichen Hintergrundes aufgestellt; in einigen Fällen selbst Jahrzehnte nach dem Ende des Zweiten Weltkrieges (wobei allerdings festgehalten werden sollte, dass Höfler starke Verbindungen zu den Nationalsozialisten hatte[96]). Auch hier spielen sie eine große Rolle in der Suche nach einem positiven Gründungsmythos für das Deutsche Reich, und die Parallelen, die man zwischen Siegfried und Arminius zu sehen glaubte, machten ihn zu einem Musterknaben verschiedenartig auslegbarer, diffuser deutscher Tugenden[97].

2.3.1 Das germanische Weltbild reflektiert im *Nibelungenlied*

Der germanisch-heroische Stoff wurde „vor dem Hintergrund des Mythenwechsels vom germanisch zum christlichen Grundmythos den neuen mythischen Rahmenbedingungen angeglichen (…)"[98], als es um das Jahr 1200 herum schriftlich konzipiert wurde. Der Nibelungenstoff war dem mittelalterlichen Publikum bis dato allerdings als mündliche Stofftradition bekannt, was heißt, dass eine vollkommene Adaption des alten Stoffes an die „neuen Strukturen"[99] nicht möglich war: Das Epos musste zwar die Mentalität

---

[93] Sabine B. Sattel, *Das Nibelungenlied in der wissenschaftlichen Literatur zwischen 1945 und 1985: ein Beitrag zur Geschichte der Nibelungenforschung*, Frankfurt a.M. 2000 (Europäische Hochschulschriften: Reihe 1, Deutsche Sprache und Literatur; Bd. 1739), S. 37.
[94] Vgl. Susanne Frembs, *Nibelungen und Nationalgedanke nach Neunzehnhundert. Über den Umgang der Deutschen mit ihrem 'Nationalepos'*, Stuttgart 2001, S. 101.
[95] Vgl. Eichfelder.
[96] Vgl. Volker Gallé, „Otto Höfler und Bernhard Kummer: Nibelungenforscher im NS-System", in: *Die Nibelungenlied-Gesellschaft*. Online: http://www.nibelungenlied-gesellschaft.de/03_beitrag/galle/fs06_galle.html (Zugriff: 03.08.2011).
[97] Vgl. Frembs, S. 102.
[98] Martin, S. 214.
[99] Ebd.

der höfischen Gesellschaft widerspiegeln, jedoch gleichzeitig erkennbar bleiben, d.h. die wichtigen Elemente aus seiner mündlichen Erzähltradition beibehalten[100]. Diese Verbindung von Altem und Aktuellem sind das, was das *Nibelungenlied* brüchig wirken lassen. Dazu lässt sich die Eingangsstrophe des *Nibelungenliedes* zitieren:

> Uns ist in alten mæren   wunders vil geseit
> von helden lobebæren,   von grôzer arebeit,
> von fröuden, hôchgezîten,   von weinen und von klagen,
> von küener recken strîten muget ir nu wunder hœren sagen.[101]

Hier wird das Problem, mit dem sich der Dichter konfrontiert sieht, beim Namen genannt: zum einen handelt der Text von Dingen, die in ferner Vergangenheit stattfinden, womit ihm ein „fiktive[r] Wahrheitsanspruch"[102] verliehen wird. Zum anderen zeigt seine Formulierung, dass der Text ein bekannter ist:

> Im „*uns* bewegt der Epiker sein Publikum zur kollektiven Erinnerung, es ist kein *plural majestatis*, der ihn über seine Hörer erheben würde." Der Verfasser selbst bleibt anonym, ein weiteres Zeichen dafür, daß er dem Publikum keine neue Erzählung vorstellte, sondern sich im Bereich der volkstümlichen Überlieferung bewegte.[103]

Mehrere der vorchristlichen Elemente, die Teil des germanischen Weltbildes sind, lassen sich im *Nibelungenlied* finden, angefangen mit dem germanischen Schicksalsbegriff. Dieser hängt eng zusammen mit der germanischen Vorstellung vom Ende der Welt. Diese war geprägt von extremem Fatalismus[104], denn nicht nur die Menschen, sondern auch die Götter müssen einst ihrem Schicksal unterliegen. Die Götter kennen zwar ihre eigene Zukunft und versuchen auch, das schlimme Schicksal abzuwenden, scheitern jedoch zuletzt. Das Einzige, was sie tun können, ist ihr Schicksal zu akzeptieren und sich dem Kampf, der unweigerlich kommen wird, zu stellen. An diesem müssen sie zwar scheitern, können aber dadurch der Welt einen Neuanfang ermöglichen[105]. 1898 schrieb Paul Herrmann:

---

[100] Vgl. Martin, S. 115.
[101] *Das Nibelungenlied. Mittelhochdeutsch- Neuhochdeutsch*. Nach dem Text von Karl Bartsch und Helmut de Boor, ins Neuhochdeutsche übersetzt von Siegfried Grosse, Stuttgart 2003 (1997), S. 6, V. 1.
[102] Martin, S. 74.
[103] Ebd.
[104] Vgl. Paul Herrmann, *Deutsche Mythologie,* Berlin 2007 (Leipzig 1898), S. 366.

[105] Vgl. Martin, S. 62.

> Derselbe Fatalismus, der die germanischen Krieger jauchzend in das Wetter der Speere trieb, der den Losorakeln im häuslichen Leben wie im öffentlichen Kult eine solche Bedeutung beimaß, dehnte mit unheimlicher Konsequenz seine Anschauungen auch auf die Götter aus und faßte scharf und deutlich auch das letzte Schicksal der Welt und der Götter und die letzte Zukunft ins Auge. Wie der deutsche Mann kämpft und ringt und sich der Feinde erwehrt, so sind auch seine Götter im endlosen Streite gegen die finstern Mächte begriffen. (...) [D]er Germane dachte sich den letzten Kampf seiner Götter in der Zukunft, und nicht die Götter behaupten die Walstatt, sondern ihre Gegner.[106]

Ähnliches findet sich zunächst in den Eddaliedern: Sigurd und die Burgunden ignorieren die Warnungen, als ihnen ihr Schicksal mehrmals prophezeit wird, und nehmen es einfach an. Diese Annahme des Schicksals bestimmt auch die Einstellung zum Tod, nicht nur in den weniger christlich geprägten Eddaliedern, sondern auch im *Nibelungenlied* selbst: Die Burgunden kennen ihr Schicksal und versuchen nicht, es abzuwenden, oder ihm gar zu entfliehen. Was wichtig ist, ist die Art des Todes- ein Heldentod bringt ewiges Leben dadurch, dass man sich des Helden erinnert. Zwar wird im *Nibelungenlied* der Untergang der Burgunden durch menschliches Handeln begründet – es ist Kriemhilds Wunsch nach Rache, der die Ereignisse in Gang setzt[107] – aber das Prinzip bleibt gleich: Die Burgunden nehmen ihr Schicksal an. Jacob Grimm schreibt in seiner Deutschen Mythologie:

> Unsere vorfahren scheinen, gleich andern Heiden, einen unterschied gekannt zu haben zwischen schicksal und glück. ihre götter verleihen heil und seeligkeit, vor allen ist Wuotan geber und verleiher jeglichen gutes, schöpfer und urheber des lebens und sieges (...). Aber auch er, samt den übrigen gottheiten, vermag nichts gegen eine höhere weltordnung, die ihn selbst nicht von dem allgemeinen untergang ausnimmt (...) einzelnes entscheidet sich wider seinen willen (...). Das schicksal hat es hauptsächlich mit dem beginn und dem schluss des menschlichen lebens zu thun. die geburtsstunde entscheidet über seinen verlauf und ausgang.[108]

Diese Art von ewigem Leben durch Ruhm bei den Lebenden, welches der christlichen Version von Leben und Rettung nach dem Tod so abgeht, wird in der taciteischen *Germania lof* genannt[109]. Ein heroischer Krieger, der mit diesen Werten großgezogen wurde, würde wenig davon haben, einfach zu überleben, wenn der mutige Weg der Kampf bedeutete. Mut konnte einem Mann *lof* bringen, während der Feigling trotzdem vor seiner Zeit sterben könnte[110]. Diese Art der Mentalität erklärt eine Stelle aus dem *Nibelungenlied*, die beim unvorbereiteten Leser normalerweise Irritation verursacht,

---

[106] Herrmann, S. 366/367.
[107] Vgl. Martin, S. 76.
[108] Jacob Grimm, *Deutsche Mythologie*, Göttingen 1835, S. 500/501.
[109] Vgl. Bruce Mitchell/ Fred Robinson, *A Guide to Old English*, Oxford 2001 (1964), S. 135 ff.
[110] Vgl. ebd.

und zwar die Szene, in der Kriemhild Hagen tötet, und dann selber vom wütenden Hildebrand hingerichtet wird:

> „Wâfen", sprach der fürste, „wie ist nu tôt gelegen"
> von eines wîbes handen der aller beste degen,
> der íe kóm zu sturme oder íe schílt getruoc!
> swie vînt ich im wære, ez ist mir léidé genuoc."; (2374).
> Dô sprach der alte Hildebrant „ja geníuzet sie es niht,
> daz sie in slahen torste. swaz mir davon geschiht,
> swie er mich selben bræhte in angestlîche nôt,
> idoch sô will ich rechen des küenen Tronegæres tôt."; (2375).

Durch praktisch das ganze Epos hindurch wird Kriemhild als das Opfer mörderischer Intrigen dargestellt, wobei Hagen einen nicht unbeachtlichen Teil der Schuld trägt; schließlich missbraucht er ihr Vertrauen in ihn, um ihren Ehemann hinterrücks zu ermorden. Wenn man aber in diesem letzten Abschnitt des *Nibelungenliedes* sich die heidnisch-germanische Einstellung von Mut, Tapferkeit im Angesicht des Todes und Akzeptieren seines Schicksals bewusst macht, dann wird es auf einmal verständlich, weswegen Hildebrand so entsetzt ist, als Kriemhild Hagen hinrichtet. Offenbar hat das Einfließen dieser alten Tradition auch das mittelalterliche Publikum irritiert, was die Komposition der *Klage* erklärt, in der Hagen als Bösewicht abgestempelt, und Kriemhild von aller Schuld befreit wird.

Ein weiterer Aspekt des germanischen Weltbildes, der sowohl die Lieder der *Edda* als auch das *Nibelungenlied* prägt, ist der vielzitierte Aspekt der Treue. Dieser stellt einen wichtigen Motivbereich dar: In den Eddaliedern, sowie in Wagners *Götterdämmerung*, ist es das Hintergehen von Treue und das Nicht-Einhalten von Verträgen, das am Ende zum Untergang der Götter und auch zum Burgundenuntergang führt: „Der von Brünhild vorgegebene, scheinbare Treuebruch Sigurds wird durch seine Ermordung, einen Bruch der Schwurbrüderschaft, vergolten und führt zum Untergang aller Beteiligten"[111]. Auch Gudrun wird in den Eddaliedern von Treue zu ihrer Familie motiviert und rächt am Ende ihre Brüder, obwohl diese Mitschuld tragen am Tode Sigurds[112]. Der Verfasser des *Nibelungenliedes* musste nun einen Stoff aus einem obsoleten Wertesystem so umfunktionieren, dass er in die aktuelle, christlich-höfische Ordnung passte, ohne der Geschichte ihrer Identität zu berauben. Ein Beispiel dafür ist die Veränderte Rolle Kriemhilds im mittelhochdeutschen Epos:

---

[111] Martin, S. 64.
[112] Vgl. Martin, S. 64.

> Die (…) Umwertung Kriemhilds, von der Warnerin oder Helferin ihrer Brüder zur Rächerin ihres Mannes an ihren Brüdern, ist die zentrale Umwertung, mit der der Verfasser des *Nibelungenliedes* nicht nur die beiden Teile des Epos verband, sondern ihm auch neue, für ein mittelalterliches Publikum akzeptable Bedeutungsinhalte zuordnete (…).[113]

Die „unerbittliche Heroik"[114] der germanischen Überlieferung passte nicht mehr in das Weltbild der Zeitgenossen des Verfassers des *Nibelungenliedes*, aber die Spuren einer viel älteren Stofftradition bleiben – und mussten, nach seiner ‚Wiederentdeckung' im achtzehnten Jahrhundert, für viele ideologische und politische Verirrungen in Deutschland Pate stehen. Wenn auch nach 1945 versucht wurde, alle Referenzen zu Germanen und deutscher Mythologie (insofern es solche denn gibt) fallen zu lassen, so ist eine gründliche Beschäftigung mit dem *Nibelungenlied* schwierig, ohne einen Blick auf seine Stofftradition. Eine textimmanente Interpretation konfrontiert den Rezipienten mit zu vielen Widersprüchen, und eine Beschäftigung mit der Entstehungsgeschichte des Epos bringt gleichzeitig eine Beschäftigung mit seiner Wirkungsgeschichte mit sich, da es keine klaren Antworten auf die Frage der Ursprünge der Nibelungensage gibt.

2.3.2 Die Begriffe „deutsch" und „germanisch" in der Romantik: Die Suche nach einem positiven deutschen Gründungsmythos und das *Nibelungenlied*

Der Gebrauch der Begriffe ‚deutsch' und ‚germanisch' in der Literaturforschung des neunzehnten Jahrhunderts ist Legion. Von großer Prominenz dabei ist das Werk Jacob Grimms *Deutsche Mythologie*, welches 1835 erschienen ist, aber auch Johann Gottlieb Fichtes *Reden an die deutsche Nation* von 1808, wo eine ganze Rede den Unterschieden zwischen Deutschen und den übrigen Germanen gewidmet ist[115]. Jacob Grimms Beschäftigung mit der „altgermanischen Mythologie"[116] entsprang hauptsächlich dem Wunsch, einen patriotischen Beitrag zur „Ehre der Nation"[117] zu leisten, weniger um der reinen Wissenschaft willen[118].

---

[113] Ebd., S. 79.
[114] Ebd., S. 115.
[115] Vgl. Johann Gottlieb Fichte, *Reden an die deutsche Nation*, Berlin 1808, S. 113 ff.
[116] Beate Kellner, *Grimms Mythen: Studien zum Mythosbegriff und seiner Anwendung in Jacob Grimms Deutscher Mythologie*, Frankfurt a.M. 1994 (Mikrokosmos; Bd. 41), S. 2.
[117] Ebd.
[118] Vgl. ebd.

Eine wichtige Rolle bei der Entwicklung und Ausarbeitung seiner Konzepte spielte der Volksbegriff Herders, welcher drei Bedeutungen haben kann: „‚Volk' als Nation im Sinne des lateinischen ‚populus' und ‚natio', ‚Volk' als Volksstamm und ‚Volk' als soziale Unterschicht, was dem lateinischen ‚plebs' oder ‚vulgus' entspricht"[119]. Die kleinste Zelle eines jeden Volkes ist darin die Familie, und der Staat bildet die größte Familie von allen. Das Wesensmerkmal, welches hier als Bindeglied gilt, ist der sogenannte Nationalcharakter; ein Konzept, welches nach Herder von den Romantikern ergriffen und eifrig verwendet wurde: „Rein statistisch läßt sich die wachsende Hochschätzung des Volksbegriffs durch die deutlich ansteigende Zahl der Kompositalbildungen vom ‚Volk' im 18. und 19. Jahrhundert belegen"[120]. Die Sache, welche dem Volk Kontinuität in der Geschichte beschert, d.h. ihm eine gemeinsame Vergangenheit verschafft, ist die Sprache, sowie alte „Traditionen von Recht, Mythologie und Poesie." Wichtig dabei ist, dass diese Denkmäler alt sein müssen, was sie dann in den Augen Jacob Grimms echt und ursprünglich macht, und dass sie einheimisch sind, sprich deutsch bzw. germanisch[121].

Allerdings werden die Begriffe ‚germanisch' und ‚deutsch' nicht klar genug voneinander getrennt, was nicht nur bei Jacob Grimm und seiner *Deutschen Mythologie* der Fall, sondern durchaus üblich ist im Sprachgebrauch der Romantiker. Es handelt sich hier um nicht klar differenzierte Termini, die für kulturelle und sprachliche Begriffe stehen. ‚Germanisch' ist ein eher sprachliches Kriterium, welches Zugehörigkeit zur germanischen Sprachfamilie definiert. Fichte formuliert es folgendermaßen in seiner *Vierten Rede: Hauptverschiedenheit zwischen den Deutschen und den übrigen Völkern Germanischer Herkunft*:

> Der zu allererst (...) sich darbietende Unterschied zwischen den Schicksalen der Deutschen und der übrigen aus derselben Wurzel erzeugten Stämme ist der, daß die ersten in den ursprünglichen Wohnsitzen des Stammvolks blieben, die letzten in andere Sitze auswanderten, die ersten die ursprüngliche Sprache des Stammvolks behielten und fortbildeten, die letzten eine fremde Sprache annahmen, und dieselbe allmählich nach ihrer Weise umgestalteten. Aus dieser frühesten Verschiedenheit müssen erst die später erfolgten, z.B. daß im ursprünglichen Vaterlande, angemessen Germanischer Ursitte, ein Staatenbund unter einem beschränkten Oberhaupte blieb, in den fremden Ländern mehr auf bisherige Römische Weise, die Verfassung in Monarchien überging, u. dergl. erklärt werden, keinesweges aber in umgekehrter Ordnung.[122]

---

[119] Ebd., S. 19.
[120] Kellner, S. 21.
[121] Vgl. ebd., S. 30.
[122] Fichte, S. 116/117.

Das Wort steht aber auch für eine diffuse kulturelle Einheit, den geheimnisumwitterten Germanen. Zum Dritten steht ‚germanisch' für die heidnische Epoche, mit seinem dem Christentum komplett fremden Werte- und Glaubenssystem. Als ‚deutsch' scheint all das zu gelten, was sich im Raum des späteren Deutschen Reiches befand[123]. Auch wie beide Begriffe zueinander stehen ist mehr als unklar: Die Deutschen scheinen einerseits eine Kategorie von Germane zu sein, aber andererseits werden die Skandinavier zum Teil als ‚deutsch' bezeichnet, was den Begriff ausweitet und mit ‚germanisch' auf eine Stufe stellt[124].

Was aber ist der Ursprung dieser Begeisterung für alles, was sich ‚germanisch' betiteln ließ? Als geistigen Hintergrund der aufblühenden Germanophilie des achtzehnten und neunzehnten Jahrhunderts gilt die mehrere Nationen überspannende Mode des Ossianismus, ausgelöst durch James Macpherson und seiner *Fragments of Ancient Poetry Collected in the Highland of Scotland*, von 1760. Die angebliche Ursprünglichkeit der Poesie wirkte attraktiv auf Autoren und Rezipienten, nicht zuletzt auch in Deutschland, und man berief sich auf sie, um gegen die Mode der Imitation der klassischen Dichtung zu rebellieren[125]. In Deutschland führte die Debatte um die Poesie zur Begründung einer deutschen Nationalliteratur, und die Französische verlor ihre Funktion als Vorbild. Das Ursprüngliche, Nationale begann in den mythisch-verschwommenen Urgründen der nordischen Dichtung, die als ‚germanisch' adoptiert wurde, gesucht zu werden[126].

Im Jahre 1756 veröffentlichte Paul Henri Mallet die Abhandlung „"Monuments de la Mythologie et de la Poesie des Celtes particulièrement des anciens Scandinaves", welche 1763 ins Deutsche übersetzt wurde und als eine der bedeutsamsten Quellen der späteren Germanophilie gilt[127]. Es war Herder, der zuerst dieses Werk rezipierte und die *Edda* „für eine Nationalisierung der Poesie nutzbar gemacht und dabei germanozentrisch"[128] verengte. Was Herder am meisten interessierte waren unterschiedliche antike Zivilisationen; seine Ansätze konnten aber später freilich auch anders gebraucht werden, wenn es darum ging, andere Kulturen zu vereinnahmen und zu enteignen[129]. Über Mallets Abhandlung schreibt er:

---

[123] Vgl. Kellner, S. 30.
[124] Vgl. ebd.
[125] Vgl. Hartwich, S. 19.
[126] Vgl. ebd., S. 20.
[127] Vgl. Hartwich., S. 21.
[128] Ebd.
[129] Vgl. ebd.

> „Die Verehrer der Alterthümer werden hier auf das feierlichste Feld geführt, voll Ehrwürdiger Monumente der Skandinavier, und fühlen wir unser Deutsches Blut, daß unsre alten Germanier Brüder der tapferen Dänen, an Religion, Gesetzen, Sitten und Gewohnheiten gewesen sind"[130].

Bereits hier wird eine Einigkeit gesehen zwischen ‚nordisch', ‚germanisch', und ‚deutsch'. Jedoch ist Herders Interesse nicht politischer Natur, „sondern Anlaß für mythische Imagination und poetische Inspiration"[131]. Durch diese „Verherrlichung des Ursprünglichen"[132] wird es auf einmal möglich, „die historische Distanz zu fremden Lebenswelten aufzuheben, weil diese gerade aufgrund ihrer zeitlichen Ferne keine Konkurrenz zur eigenen Identität darstellen"[133].

2.4. Schwierigkeiten der Deutung des *Nibelungenliedes*

Die Schwierigkeiten, das *Nibelungenlied* auch nur auf irgendeine Weise zu deuten, hat ihren Kern in der bereits erläuterten verschiedenartigen Stofftradition. Die *alten mæren*, von denen der Verfasser spricht, liegen uns schriftlich nicht vor, und von der sogenannten germanisch-heroischen Dichtung hat man nur eine gewisse, allgemeine Vorstellung. Der mittelhochdeutsche Text entzieht sich hartnäckig „jeglichem Sinnfindungsanspruch"[134], und auch die „Wandelbarkeit der Figuren"[135] wirft mehr Fragen auf, als sie beantworten kann. Daher geht die neuere Forschung auch davon aus, das Lied sei im Prinzip nicht deutbar[136].

Schon die Reaktion der Zeitgenossen lässt Schlüsse zu, wie schwierig es ist, dem Epos einen Sinn abzugewinnen, was sich verstehen lässt durch die Existenz der *Klage* und der C-Bearbeitung[137]. Die *Klage* ist so etwas wie die Fortsetzung des *Nibelungenliedes*, die unbeantwortete Fragen des Epos aufgreift und beantwortet, z.B. wie die Toten begraben und wie die Kunde der Katastrophe in die Welt getragen wurde. Kriemhild wird ihrer Schuld behoben und Hagen zum großen Bösewicht gemacht. Obwohl es nicht ganz klar ist, wie genau und durch wen die *Klage* entstanden ist, so liefert sie einen wichtigen Einblick in das

---

[130] Ebd.
[131] Ebd., S. 22.
[132] Ebd., S. 24.
[133] Ebd.
[134] Irmgard Gephart, Der Zorn der Nibelungen. Rivalität und Rache im „Nibelungenlied", Köln (u.a.) 2005, S. 8.
[135] Ebd.
[136] Vgl. ebd.
[137] Vgl. Heinzle, Joachim, *Das Nibelungenlied. Eine Einführung*, München und Zürich 1987, S. 89.

Rezeptionsverhalten der mittelalterlichen Leser des *Nibelungenliedes*; und illustriert die Tatsache, dass das Epos als alleinstehendes Werk praktisch unmöglich zu deuten ist.

In späteren Zeiten wurde das Epos für viele Zwecke benutzt, u.a. politisch und ideologisch motivierte, aber bereits die Existenz der *Klage* und der C-Bearbeitung führt vor Augen, dass das *Nibelungenlied* sich aufgrund seiner inhaltlichen Brüchigkeit so deuten lässt, wie es die Absicht des Interpreten verlangt. Der Verfasser der *Klage* war offensichtlich unzufrieden mit der Zweideutigkeit gewisser Begebenheiten und Figuren des Epos: z.B. Hagen, der auf der einen Seite Siegfried hinterrücks ermordet, aber auf der anderen Seite als tapferer Krieger gefeiert und betrauert wird von den Überlebenden an Etzels Hof. Auch Kriemhilds Haltung und Rolle ist unklar, denn sie ist einmal trauernde Witwe, wird aber dann im Zuge ihrer Rache hingerichtet, weil der Mord an Hagen als unverzeihlich gewertet wird.

Die politische Rezeption des *Nibelungenliedes*, die vom Anfang des neunzehnten Jahrhunderts bis 1945 aktuell war und auf die verschiedenen Anforderungen der Jahre aktualisiert wurde, durchlief mehrere Phasen[138]; in jeder wurde ein anderer Aspekt des *Nibelungenliedes* herangezogen, um gewisse Ideologien zu rechtfertigen. Die Undeutbarkeit des Liedes machte dies möglich: „jeweils eine andere Figur des Epos [wurde] zum Hauptträger der ins *Nibelungenlied* ‚hineingelesenen' patriotischen Bedeutung"[139]: zuerst ist es Kriemhild, nach der Reichsgründung Siegfried, nach dem Ersten Weltkrieg Hagen[140]. Hagen und Siegfried wechseln sich im Übrigen auch ab als tugendhaftes Leitbild[141], was davon abhängt, ob ein strahlender Held oder ein bis in den Tod treuer Gefolgsmann benötigt wird.

---

[138] Vgl. Bernhard R. Martin, *Die Nibelungen im Spiegelkabinett des deutschen Nationalbewusstseins: Studie zur literarischen Rezeption des Nibelungenliedes in der Jugend- und Unterhaltungsliteratur von 1819-2002*, München 2004, S. 9 ff.
[139] Martin, *Die Nibelungen*, S. 9.
[140] Vgl. ebd.
[141] Herfried Münkler, *Die Deutschen und ihre Mythen*, Berlin 2009, S. 34.

2.5 Die Suche nach nationaler Identität und einer deutschen „Volkspoesie"

> Ohne Übertreibung wird man sagen dürfen, daß kaum jemals eine Wissenschaft so sehr in Gefahr zu sein schien, in den Sog einer politischen Ideologie zu geraten, wie die Wissenschaft vom Nordisch-Germanischen – die Altgermanistik und Altnordistik – während der 30er und 40er Jahre dieses Jahrhunderts.[142]

Das schrieb Klaus von See im Jahre 1994. Seitdem ist das Jahrhundert, in dem die politisch-ideologische Rezeption des *Nibelungenliedes* ihre Kulminierung fand, vergangen, aber die Ansicht, dass das *Nibelungenlied* – Eckpfeiler der Altgermanistik bis zum Ende des Dritten Reiches – einmal zu oft missbraucht wurde zu niederen, völkisch-nationalen Zwecken ist geblieben. Das Problem mit diesem Stigma ist, dass obwohl die frühe Nibelungen-Rezeption geprägt ist von textfernen, ideologischen Bedeutungsaufladungen, der Ursprung dieser Art der Interpretation nicht politisch war, sondern ein Teil der Suche der Deutschen nach einer nationalen Identität, nach einer deutschen ‚Volkspoesie', die den ‚Volksgeist' widerspiegeln würde. Der Glaube an diese Dinge, sowie ihre Stilisierung und das Einbinden des *Nibelungenliedes* als Ausdruck des Wahren und Ursprünglichen ist ein nationaler Mythos, dessen Entstehung und Funktionen im Folgenden erläutert werden sollen. Was ist, in diesem Sinne, ein Nationalmythos?

> Nationalmythen beschwören Gestalten der Vergangenheit, um Zukunft zu garantieren. Sie erheben den Anspruch, die Geschichte der Nation nicht nur zu deuten, sondern ihren Fortgang auch zu strukturieren. Dazu müssen sie (...) zwei große Herausforderungen bewältigen: Sie müssen die Komplexität des Geschehens reduzieren und dieses ethischen und ästhetischen Vorstellungen anpassen, und sie müssen den Schrecken der Kontingenz wegzählen, also die Furcht besänftigen, die nationale Geschichte sei womöglich nur eine bedeutungslose Episode der Weltgeschichte. Indem sie diesen beiden Anforderungen genügen, stiften Nationalmythen Vertrauen und Zuversicht, dass die Nation die groß und bedrohlich vor ihr stehende Zukunft meistern werde. Barbarossa, der schlafende Kaiser, wird wiederkehren und das Reich in all seiner Macht und Herrlichkeit neu errichten; Siegfried, der stolze Held, wird alle anderen überstrahlen (...).[143]

Ein Problem war, dass die Deutschen keinen brauchbaren Geschichtsmythos besaßen, nichts, was Goethe eine ‚nationale Epopöe' genannt hätte, und somit auch keinen Nationalmythos. Herrmann der Cherusker, z.B., war nur in lateinischen Texten überliefert; das nationale Bewusstsein hatte nur die lateinische *Germania* des Tacitus, um sich zu

---

[142] Klaus von See, *Barbar, Germane, Arier: die Suche nach der Identität der Deutschen*, Heidelberg 1994, S. 207.

[143] Münkler, S. 33.

erwärmen[144]. Es ist die humanistische Tacitus-Rezeption, aus der die spätere Neigung stammt, „die zivilisatorisch-intellektuelle Überlegenheit der Römer, Romanen und Westeuropäer kompensiert zu sehen durch moralisch, gemüthafte Werte, durch ein germanisch-deutsches Tugendmonopol"[145].

Was im Falle des *Nibelungenliedes* zum Nationalmythos wurde, war nicht der Text als solches, sondern „eine von den Herausgebern der Textsammlungen und Sagenbücher kompilierte Sage, in der die psychische Komplexität der Figuren vereinfacht und ihr Charakter vereindeutigt wurden"[146]. Die Literatur des neunzehnten Jahrhunderts weist unglaublich viele Nibelungen-Referenzen auf, und die Rezeption scheint sich in zwei Unterkategorien aufzuteilen: eine ästhetisch-mythische und eine politisch-ideologische[147]. Beide haben ihren Ursprung in einem neuen Interesse an und Verständnis von Geschichte und Nation, die im achtzehnten Jahrhundert ihre Genese hatten.

Das Untersuchen von Literatur und ihren Ursprüngen wurde zur Forschung der Ursprünge von Geschichte und Menschheit. Die Hoffnung war, dass man durch die Erforschung der geschichtlichen Zusammenhänge von ihren Anfängen an die weitere menschliche Entwicklung begreifen könnte, d.h. Ziel, Zweck und Bedeutung. Poesie wurde zum Mittel der Offenbarung, und die Geschichte ihre Thematik. Als Beispiel dafür dient u.a. Der Ring des Nibelungen von Wagner, der einen historischen Zyklus darstellt[148]. Am Anfang dieses neuen Geschichtsverständnisses stand Herder mit seinen *Ideen zur Philosophie der Geschichte der Menschheit* (1784-91), welche die Resultate seiner persönlichen Suche nach Antworten darstellten. Durch sein Werk ersetzte Herder das Konzept des achtzehnten Jahrhunderts der natürlichen Ordnung und Konstanz der menschlichen Natur durch eine Idee des organischen Wachstums. Somit wurde jede einzelne geschichtliche Epoche wichtig und relevant für die Gesamtentwicklung, wobei die menschliche Entwicklung der mittlere Teil eines universellen Plans der Existenz bildet, eines sogenannten ‚Weltplans'. In diesem wären dann das ursprüngliche Gleichgewicht der Existenz und das bewusste, ebenso

---

[144] Vgl. Klaus von See, „Das Nibelungenlied – Ein Nationalepos?", in: Heinzle, Joachim/ Klein, Klaus/ Obhof, Ute (Hrsg.), *Die Nibelungen: Sage – Epos – Mythos*, Wiesbaden 2003, S. 309 ff.
[145] Ebd., S. 314.
[146] Münkler, S. 33.
[147] Vgl. Maike Oergel, *The Return of the King, Arthur and the Nibelungen: national myth in nineteenth-century English and German literatures*, Berlin 1998, S. 2.
[148] Vgl. Oergel., S. 52.

ausgeglichene Existieren in der Zukunft verbunden durch die historische Entwicklung des intellektuellen Bewusstseins[149].

Am Anfang von Allem habe es absolutes Wissen gegeben, das sogenannte ‚Urwissen', welches selbst vollkommen ist. Dieses ‚Urwissen' ist, der Philosophie zufolge, statisch, weil es keiner Entwicklung bedarf, und ohne menschliche intellektuelle Tätigkeit besitzt es kein Medium, durch das es sich entwickeln kann, durch welches es in Zeit und Raum sich zu manifestieren vermag. Mit dem Advent der menschlichen geistigen Aktivität, beginnt das Bewusstsein, aufgrund der Differenzierung dessen, was vorher identisch war. Die menschliche Geschichte entwickelt sich in dem Maße, in dem das ‚Urwissen' begriffen wird. In diesem Sinne ist Mythos die Brücke zwischen dem ursprünglichen Zustand der Unschuld, welcher die Unendlichkeit vor dem Anfang der Historie ist, und der geschichtlichen Menschheit, die in Raum und Zeit existiert und agiert. Mythologie ist das Ursprüngliche und Ideale, d.h. ewig, und die Vergangenheit, die Gegenwart und die Zukunft beinhaltend[150].

Diese Gedanken zu Geschichte und Ursprung brachten mit sich Fragen nach der eigenen Herkunft, wobei sich die Literatur – Herder zufolge die kulturelle und spirituelle Essenz der Menschheit – am besten als Medium eignete, um sich die eigene kulturelle Identität vor Augen zu halten, um überhaupt erst eine zu entwickeln. Das Festlegen von Identität, verbunden mit metaphysischem Glauben, zielt darauf, Antworten zu finden auf Fragen über wer und warum man da ist. Die Literatur, die erst einmal in ‚alt' und ‚neu' unterteil wurde, sollten diese Fragen beantworten. In der Suche nach Identität bleiben das Universelle und Besondere, d.h. das generell Menschliche und das spezifisch Nationale, eng miteinander verbunden. Dies ist eine Philosophie des kulturellen Nationalismus und keine des politischen[151]. Diese Epoche markiert ein beginnendes Zelebrieren des Nationalen, obwohl zu jenem Zeitpunkt noch in einem Kontext des universalen Internationalismus. Diese gesamte Entwicklung war natürlich eng verbunden mit den geschichtlich-politischen Umständen, in denen sich das Deutsche Reich befand. Das politische Überleben der zentraleuropäischen Mächte Preußen und Österreich stand auf dem Spiel, und dadurch das Überleben dessen, was man unter deutscher Kulturnation verstand.[152]

---

[149] Vgl. ebd., S. 53.
[150] Vgl. ebd., S. 60 ff.
[151] Vgl. Oergel, S. 120 ff.
[152] Vgl. ebd., S. 122 ff.

Die Antwort auf die Frage, was nun die nationale Essenz sei, sollte in der nationalen Kultur gefunden werden, von welcher die Literatur der beste Ausdruck sei. Herder hatte postuliert, der ‚Volksgeist' ließe sich in der ‚Volkspoesie' finden. Diese Idee der ‚Volkspoesie' bekam eine besondere Bedeutung für die zweite Generation von Romantikern, die im Zuge der Befreiungskriege die nationale Identität neu beleben wollten. Unter diesen befinden sich Joseph Görres, die Brüder Grimm und Ludwig Uhland. Alle betonen auf der einen Seite die Wichtigkeit der ‚Volkspoesie', und auf der anderen Seite legen sie Wert auf die europäische Dimension der Poesie, die sie untersuchen. Sie alle betonen ebenfalls die universalen Dimensionen der ‚Volkspoesie' als archetypischen menschlichen Ausdruck, was deutlich die Verbindung zwischen dem Allgemeinen und dem Spezifischen Aspekt der Entstehung von Nationalmythen darstellt. In diesem Kontext der kulturellen Emanzipation wird das *Nibelungenlied* zu einem Dokument großer nationaler Wichtigkeit[153].

Im Jahre 1807 veröffentlichte Joseph Görres seine *Teutschen Volksbücher*, welche eine Sammlung von 49 verschiedenen ‚Geschichten' beinhalten, die von historischen Legenden zu Volksweisheiten in Fabeln reichen. Im Jahr darauf verband er seine idealistischen Ideen mit originaler nationaler Poesie, Nationalmythos, als er den Moment des Erwachens des menschlichen Intellektes in der Geschichte, den ersten Bewussten Akt, als den Beginn der nationalen Poesie festlegte[154]. Das erklärt auch sein Interesse an den sogenannten Volksbücher, die er für Teil der mythischen ‚Uroffenbarung' hielt. Anstatt sich auf die Herkunft der allgemein-menschlichen intellektuellen Entwicklung zu konzentrieren, verstand Görres diese als Ausdruck einer Nationalpoesie, welche, da sie keinem Einzelnen gehören, zu ‚Volkseigentum' werden und so das Ideale repräsentieren, das Wahre und nicht korrumpierte, „unangefochten vom Modediktat"[155]. Diese Art der originalen Literatur ist somit die Basis für jegliche spätere literarische Entwicklung, da ‚Volkspoesie' im romantischen Verständnis sich unbewusst entwickelt und unbewusst weitergetragen wird durch kollektive Beiträge der Menschen- die ‚Volkspoesie' dichtet sich sozusagen selbst[156].

Görres hat sich auch intensiv mit den Nibelungen beschäftigt, in einem vierteiligen Artikel in Brentanos und Arnims *Zeitung für Einsiedler* (1808), indem er die generelle europäische Signifikanz des Liedes stark betonte: „Daraus ergibt sich, wie weit die Tradition den Ursprung jener Dichtung zurückversetzt, und wie sie keineswegs all seine nordische

---

[153] Vgl. ebd., S. 124.
[154] Vgl. ebd.
[155] Oergel, S. 125.
[156] Vgl. ebd., S. 126.

örtliche Heldensage betrachtet wurde, sondern al seine dem ganzen deutschen Europa gemeinsame"[157]. Jacob Grimm greift die Idee der Verbindung zwischen Mythos, Geschichte und ‚Volkspoesie' dankbar auf in seinem Aufsatz *Gedanken über Mythos, Epos und Geschichte* von 1813:

> Das erste, was ein aufrichtiges Gemüth aus der Betrachtung alter Fabel und Sage lernen kann, ist, daß hinter ihnen kein eitler Grund, keine Erdichtung, sondern wahrhafte Dichtung lieft; wenn ich mich, in der Hoffnung klarer zu werden, so ausdrücken darf, objective Begeisterung.[158]

Er nennt hier den Begriff ‚Sagenwahrheit', die sich der historischen Wahrheit gegenüber verhalte „gleichsam zu einer greiflichen eine fühlbare"[159]. Auch die Idee, dass Sagen dem Ursprünglichen entstammen, die schon durch Herder und Görres postuliert wurde, entwickelt Grimm:

> Lösen sich alle Sagen in einfache, immer einfachere Offenbarungen des Heiligsten auf? Sind sie nur ein wechselndes für das Unendliche, Unfaßliche, sich neuversuchendes Wort und fließen sie, im Schein wandelbar, im Grund unwandelbar, endlich in dem Urgedicht zusammen, vor dem sie ausgegangen waren? Oder haben sie sich (...) an die vergangene Menschenzeit gesetzt, gehören sie zu unserer Geschichte mit, und sind sie gleich dieser ewig hin etwas neues, verschiedenes, höchstens ähnliches?[160]

Es ist die Sage vom Ursprung, die Macht über den Menschen hat, und die ausgedrückt wird durch die alten Lieder, sowie den Zusammenhang zwischen offenbarter Ursprache und den Mundarten seiner Zeit[161]. Auch geht Grimm vom Allgemeinen zum Spezifischen, und postuliert, dass es die Verbindung zum Gedanken der Nation ist, welche im Empfangen von Nationalpoesie ausschlaggebend wirkt. Hier wird eine direkte Parallele zu den Nibelungen gezogen:

> Würde nicht die Freude an unsern altdeutschen Liedern abnehmen dadurch, daß uns jemand sagte, der Rhein, der in ihnen fließe, sey nicht unser geliebter Fluß, oder Brunhild nicht auf deutschem Boden gestorben, sondern vielleicht auf dem Gipfel des Caucasus, und so immer weiter zurückführend. (...)Und selbst wenn wir bey einer mit uns eingewanderten Sage stehen blieben, so hat doch der nahe Grund und Boden der langen Heimath noch viel größere Kraft über uns.[162]

---

[157] Ebd.
[158] Jacob Grimm, „Gedanken über Mythos, Epos und Geschichte: Mit altdeutschen Beyspielen", in: Schlegel, Friedrich (Hrsg.), *Deutsches Museum 3. Januarheft*, Wien 1813, S. 53-75, S. 53.
[159] Grimm, *Gedanken*, S. 53.
[160] Grimm, Gedanken, S. 54.
[161] Vgl. ebd., S. 73.
[162] Ebd., S. 55.

Es ist, in seinen Augen, die Poesie, „dieses Brod des Lebens"[163], welche Verbindung schafft zwischen dem zeitlosen Ursprung (der Offenbarung), der Geschichte und der Gegenwart. Allerdings legt Grimm auf großen Wert auf die Erhaltung des Alten. Um das „Allgemeine und Ewige"[164] zu ergründen, ist es nötig, „das besondere, vaterländische, häusliche in der That unangetastet ruhen zu lassen"[165]: „Wenn Homer und die Nibelungen uns das Herz bewegen, so ist gewiß, daß eine mythisch bewährte gelehrte Mischung beyder es kalt lassen müßte, oder doch nicht so erfüllen könnte"[166]. Auch Karl Lachmann nennt die Nibelungen Teil der ‚Volkspoesie', und kritisiert dabei das, was er ‚Buchgelehrsamkeit' nennt:

> Es bedarf längst nicht mehr des beweises, dass das gedicht von den Nibelungen auf der sage ruht, dass auf kein irgend bedeutender theil der erzählung von einem einzelnen kann mit absicht erfunden sein: man muss es nur widerholen, weil ein gelehrtes zeitalter immer abgeneigt ist, der volkspoesie etwas eignes zu gönnen, das nicht von buchgelehrsamkeit ausgeht. ferner ist uns bestimmt überliefert dass beinah hundert jahr früher, dass im verlauf des dreizehnten jahrhunderts und später, theile der in unserem buch enthaltenen sage von deutschen sängern einzeln vorgetragen wurden (…).[167]

Lachmann hält es für vollkommen klar, dass das *Nibelungenlied* kein Werk eines einzelnen Dichters ist, wofür er mehrere Gründe nennt. Zum einen sieht er einen Anhaltspunkt in der Tatsache, dass es im Mittelalter üblich war, sich beim Verfassen eines Werkes auf eine ältere Quelle zu berufen, was im *Nibelungenlied* jedoch nicht passiert. Hinzu kommt für ihn die (für ihn existierende) Tatsache, dass sich im gesamten Werk keine eindeutige Individualität der Schreibweise finden lässt, was ihm als Beweis dient, dass nicht ein Dichter es allein, oder aus einer schon kompletten Quelle heraus komponiert haben kann. Seine eigene, intensive Beschäftigung mit dem Text hat ihn schlussfolgern lassen, dass es sich beim *Nibelungenlied* um eine Sammlung verschiedener Volkslieder handle[168]: „einzelne lieder [sind] von sehr verschiedenen ton und werth, ihre anfänge, zwischengesetzte zusammenfügungen, oft leicht zu erkennen"[169]. Er glaubt, Unterschiede zwischen den Liedern erkennen zu können, aber keine Lücken innerhalb der Lieder selbst, was für ihn ein weiterer Teil seiner Argumentation darstellt:

> [D]ass ich die jetzige gestalt des werkes nicht aus interpolationen eines einzelnen liedes, das die ganze sage begriff, erklären zu können glaube, erhellt aus dem obigen genug:

---

[163] Ebd., S. 72.
[164] Ebd, S. 73.
[165] Ebd.
[166] Ebd.
[167] Karl Lachmann, *Zu den Nibelungen und zur Klage*, Berlin 1836, S. 1.
[168] Vgl. ebd., S. 2 ff.
[169] Ebd., S. 5.

> vielmehr sind einzelne lieder von sehr verschiedenem ton und werth, ihre anfänge, zwischengesetzte zusammenfügungen, oft leicht zu erkennen. (...) lücken habe ich innerhalb der lieder nicht wahrgenommen. wie aber mehreren derselben fortsetzungen anhangen, die, obgleich offenbar von andern verfassern, auf jene sich beziehn, so sind auch überall in den liedern grössere und kleinere zusätze erkennbar, von denen gewiss nur wenige dem letzten anordner der sammlung zuzuschreiben sind: vielmehr zeigt es sich grade in den am alterthümlichsten aussehenden liedern häufig, dass sie schon vor der aufzeichnung mit grossen vermehrungen umher gesungen sind; so dass zu erwarten steht, wenn sich auch etwa noch einmal eins dieser lieder einzeln aufgezeichnet finden sollte, von allen zusätzen un d verfälschungen werde es nicht frei sein, der schreiber müste es denn unmittelbar aus dem munde des dichters aufgefasst haben.[170]

Für Grimm verlaufen sich die Grenzen von Sage und Geschichte, denn was in der Geschichte verloren geht, das kann die Sage aufgreifen und verewigen. Urgrund jeder Sage ist der Mythos, der Glaube, der sich von Volk zu Volk verschiedenartig ausprägt. Aufgrund dieser engen Verbindung zwischen Mythos, Sage und Geschichte gibt es, laut Grimm, echte und falsche Sagen, sowie es auch wahre und verfälschte Geschichte gibt[171]. Und so folgert er für die Vergangenheit der Deutschen:

> Aus vergleichung der alten und unverschmähten jüngeren quellen habe ich in andern büchern darzuthun gestrebt, dass unsere voreltern, bis in das heidenthum hinauf, keine wilde, rauhe, regellose, sondern eine feine, geschmeidige, wolgefüge sprache redeten, die sich schon in frühster zeit zur poesie hergegeben hatte; dass sie nicht in verworrener, ungebändigter horde lebten, vielmehr eines althergebrachten sinnvollen rechts in freiem bunde, kräftig blühender sitte pflagen.[172]

Ganz im Sinne seiner Zeit wendet Grimm sich ab von der klassischen Literatur und gibt der vermeintlich einheimischen den Vorrang, da sie ihm „heimischer, zutraulicher, naiver"[173] erscheint, ‚volksmäßiger', d.h. weniger künstlich und dadurch ursprünglicher; stärker verbunden mit der Nation – und gleichzeitig mit dem Nationalbewusstsein, das die Romantiker vertraten. Er erkennt den klassischen Erzählung durchaus Qualitäten zu, kritisiert aber ihre Ausführung, die er als ‚vornehm' bezeichnet, was einen Kontrast zum ‚wahren' und ‚natürlichen' bildet[174]. Das ist für ihn der Hauptgrund, um sich von der Literatur der den Griechen und Römern ‚gleichartigen' Völker zu entfernen, sprich die Literatur der Franzosen:

> Noch näher als die verfeinerte sage der Griechen und Römer, steht uns darum auch die der anderen, gleichartigeren und benachbarten völker. ich glaube an ein band, das sie alle verknüpft, nicht bloss in ihrer geschichte, sondern weit enger, oft mit unsichtbaren

---

[170] Lachmann, S. 5/6.
[171] Vgl. Grimm, *Deutsche Mythologie*, S. iii ff.
[172] Ebd., S. iv.
[173] Ebd.
[174] Vgl. ebd.

enden, in ihrer sprache und sage, und dass dieser verhältnisse erforschung mit desto reicherem ertrage lohnt, je sorgsamer alle eigenthümlichkeiten dabei gewahrt worden sind.[175]

Für Grimm ist die deutsche Mythologie jener der Griechen und Römer von der Wichtigkeit her gleichzustellen, wenn sie auch nicht so ausführlich niedergeschrieben ist[176]. Ihre Echtheit anzuzweifeln wäre genauso absurd, als bezweifle man die Existenz der nordischen Sprachen, oder die Nähe zwischen der nordischen und der deutschen Mythologie[177].

Es ist klar, wenn man auf diesen zu jener Zeit populären Kontrast zwischen dem Klassischen und dem vermeintlich Einheimischen, dem ‚volksmäßigen' und dem ‚buchgelehrten' schaut, dass aktiv versucht wurde, der ‚nationalen' Literatur ein Alter und eine Tiefe zu verschaffen, die man nicht wirklich belegen konnte. Darüber hinaus wollte man sich inhaltlich von der romanischen Literatur und Kultur abgrenzen, d.h. von deren Kultur – denn durch die Suche nach ‚Volksliedern', ‚Volksepen' und allem, dem man einen ‚Nationalcharakter' nachweisen konnte, erschuf man sich eine nationale Identität, die Teil des neuen nationalen Gründungsmythos werden sollte und würde. Schließlich war es nicht nur ein Anliegen Jacob Grimms, durch die Suche nach ‚echter', ‚wahrer Volkspoesie' dem Vaterland zu dienen. Es war ein Ausdruck des Zeitgeistes. Die Nibelungen dienten diesem Zweck vorzüglich, denn durch ihren nebulösen Ursprung und ihre fehlenden romanischen Quellen konnten sie als einheimisch klassifiziert werden, als Ausdruck des individuellen Geistes der Völker[178]. So ist diese gesamte Euphorie und Welle völkisch-nationaler Interpretationen des Liedes (wobei der Inhalt in den Hintergrund tritt) nicht zustande gekommen, weil das *Nibelungenlied* wieder entdeckt wurde; das *Nibelungenlied* wurde aus der Versenkung geholt, weil man nach genau solch einem Text gesucht hatte; einem Text, der dieser neuen, patriotischen Rolle gerecht werden könnte.

2.5.1 Der Mythos vom Volksbuch und das *Nibelungenlied*

Im Jahre 1840 veröffentlichte der Journalist und Nationalökonom Johann Heinrich Beta (ein Pseudonym für Bettziech)[179] seine eigene Übertragung des *Nibelungenliedes*, tituliert *Das Nibelungenlied als Volksbuch*, für das Friedrich Heinrich von der Hagen das

---

[175] Ebd., S. xiv.
[176] Vgl. Grimm, *Deutsche Mythologie*, S xxviii.
[177] Vgl. ebd., S. 7.
[178] Vgl. Kreutzer, S. 34.
[179] Vgl. Heinz Starkulla, „Beta, Johann Heinrich", in: Neue Deutsche Biographie 2 (1955). Online: http://www.deutsche-biographie.de/sfz4242.html (Zugriff 20.04.1011).

Vorwort schrieb. Voll des Lobes fasst von der Hagen kurz zusammen, wie er selber die ‚Erneuung' des mittelhochdeutschen Textes angegangen ist, nämlich dadurch, dass er so viel wie möglich von der alten Form erhalten hat. Beta aber, von der Hagen zufolge, habe in seiner eigenen Bearbeitung alles, was dem Verständnis des modernen Lesers im Wege stehen könnte, weggeräumt und den Text durchgehend modernisiert[180]. Auf diese kurze Einleitung folgt eine recht kuriose Aussage von der Hagens:

> Diese Weise, welche seitdem auch manche Andere, namentlich Simrock, befolgten, hat Anklang gefunden, zum erfreulichen Beweise, daß es Bedürfnis der Deutschen war, das hohe alte Helden- und Rittergedicht wieder recht allgemein und volksmäßig sich anzueignen. So erscheint es denn nun auch hier recht eigentlich für diesen Zweck, in der Reihe der übrigen, erneuten, poetischen und prosaischen Volksbücher, als das älteste unter ihnen, in würdiger Ausstattung, und auch nach alter, jedoch eigenthümlich neu belebter Art, durch bildliche Begleitung anmuthend und erfreuend.[181]

Das *Nibelungenlied*, ein Volksbuch? Wenn man sich der gängigen Vorstellung dessen, was ein Volksbuch sei, bewusst macht, so passt das *Nibelungenlied* überhaupt nicht in diese – zugegen nebulöse – Kategorie hinein. Was genau versteht man unter dem Terminus ‚Volksbuch-Genre'? Der Begriff des Volksbuches lässt sich in der Geschichte der Literatur verschiedenartig anwenden, jedoch bezeichnet er im Allgemeinen die erzählende Literatur des fünfzehnten und sechzehnten Jahrhunderts, und nicht, wie teilweise angenommen, „volkstümliche oder ‚triviale' Literatur schlechthin"[182].

Dabei ist die These, dass diese frühen Romane einen besonderen Typus mit festen, ihnen eigenen Eigenschaften aufweisen, ziemlich problematisch, weil schwerlich nachzuweisen. Weder Form, noch Inhalt können einheitlich als alle frühen Romane verbindende Eigenschaften festgelegt werden, da viele dieser Romane inhaltlich noch von frühen, mittelalterlichen Stoffen abhängen, oftmals französische Vorlagen. Dazu kommt, dass es schwer ist, eine zeitliche Grenze zu ziehen, die diesen Büchern eine Zusammengehörigkeit verleihen könnte. Kurz gesagt: die Eingrenzung einer Textgruppe, die man als ‚Volksbücher' bezeichnen könnte, ist mehr als unsicher, und die Texte selber unterliegen formalen und inhaltlichen Veränderungen. Ein Text wird nicht als Volksbuch geboren, d.h. in einer gewissen Art und Weise und zu einem gewissen Zweck geschrieben, sondern im Nachhinein als solches klassifiziert[183]. Doch was sind hier die Kriterien?

---

[180] Vgl. Beta, S. iv.
[181] Ebd., S. iv.
[182] Kreutzer, S. 1.
[183] Vgl. ebd., S. 2 ff.

> Das ausschlaggebende Kriterium dafür, daß ein Buch zu einem Volksbuch wird, ist nach landläufiger (...) Ansicht ein hoher Verbreitungsgrad, der an der Zahl der Auflagen und der Dauer der Verbreitung abzulesen wäre. Damit ist aber weder gesagt, wie hoch die Verbreitung sein muß, um das Prädikat „Volksbuch" zu rechtfertigen, noch vor allem, wie denn ebenderselbe Text unter Gattungsgesichtspunkten einzuordnen ist, solange er eine solche Verbreitung noch nicht gewonnen hat. Diese Frage entsteht bei jedem Text in der Frühzeit seiner Verbreitung, bei Handschriften, bevor ihr Text gedruckt wurde und auch, wenn er nie in den Druck gelangte, aber auch noch beim ersten Druck selbst. Die literarischen Kategorien und die der Rezeption von Literatur werden hier offensichtlich vorschnell miteinander kombiniert.[184]

Der Ursprung des Volksbuchbegriffes in wissenschaftlicher Hinsicht findet sich bei Joseph Görres und seinen *Teutschen Volksbüchern*, auch wenn er weder der Erfinder des Begriffes war, noch der Einzige, der ein Konzept dazu entwickelte[185]. Allerdings ist die allgemeine Beschäftigung mit Volksbüchern im neunzehnten Jahrhundert, was sie beinhaltet, wie man sie abgrenzen und kategorisieren kann, ohne den Beitrag Görres' nicht denkbar. Der spätere Volksbuchbegriff – der sich auf längere Erzähltexte der frühen Neuzeit bezieht – hängt nur bedingt mit dem durch Görres geprägten, da er noch alle „erbaulichen, belehrenden, rein unterhaltenden (Sprichwörter und Rätsel),"[186] mit einbezog, sowie „Handwerksbücher und Bauernkalender"[187]. Unter ‚Volksbüchern' verstand er volkstümliche Literatur verschiedenen Inhalts und unterschiedlicher Form, „die mit einfachen Mitteln hergestellt wurden. Bücher erzählenden Inhalts, auch im engsten Sinne romanhafte, kommen wohl darunter vor, doch prägen sie das Gesicht dieser ‚Gattung' nicht"[188]. Es handelt sich also um eine Gattung von Büchern, nicht um eine Textgattung[189].

Auch ist der Begriff ‚Volk' nicht klar differenziert, denn er kann sowohl die Gesamtheit der deutschen Bevölkerung, als auch lediglich die unteren Schichten meinen; z.B. geht A.W. Schlegel davon aus, dass eine der Unterschicht eigene Literatur existiere:

> „[...] die höheren gebildeten Stände unsrer Nation haben keine Literatur, das Volk aber, der gemeine Mann hat eine. Diese besteht aus den unscheinbaren Büchelchen, die schon in der Aufschrift: ‚gedruckt in diesem Jahr,' das naive Zutrauen kund geben, daß sie nie veralten werden, und sie veralten auch wirklich nicht."[190]

Wichtig ist, dass Görres' Volksbuchbegriff nur Texte beinhaltet, die entweder eine nachgewiesene, oder aber eine vermutete, Jahrhunderte alte Wirkungsgeschichte haben.

---

[184] Kreutzer, S. 7/8.
[185] Vgl. ebd., S. 16.
[186] Ebd., S. 23.
[187] Ebd.
[188] Ebd., S. 24.
[189] Vgl. ebd.
[190] Ebd., S. 57.

Wenn in diesem Zusammenhang die Begriffe ‚Volk' und ‚Volkslied' fallen, so ist damit das kollektive, produktive Vermögen des gesamten Volkes gemeint[191]. Im Gegensatz zur Kunstdichtung ist die Volksdichtung „kontinuierlich gewachsener Allgemeinbesitz"[192].

Wenn man von dieser Ansicht ausgeht, dass es eine dem Volk gehörende Dichtung gebe, die sich durch die Jahrhunderte fortgeführt hätte, um dann in der frühen Neuzeit in Form von Prosa im Buchdruck wieder aufzutauchen (von der Hagen zieht spezifisch den *Hürnen Seyfried* als Volksbuch-Beispiel heran[193]), und dass es keine feste Volksbuch-Gattung gebe, so ist der Sprung, den Heinrich Beta mit seiner Nibelungen-Bearbeitung macht, in diesem Sinne ein nachvollziehbarer Schritt. Schon Goethe sprach 1819 in den *Noten und Abhandlungen zum besseren Verständnis des West-östlichen Divans* von prosaischen Übersetzungen alter Texte: „Hätte man die Nibelungen gleich in tüchtige Prosa gesetzt und sie zu einem Volksbuche gestempelt, so wäre viel gewonnen worden [...]"[194]. Dazu kommt auch der weitverbreitete Glaube, das *Nibelungenlied* sei eine Zusammenfügung vieler einzelner, vor der Komposition mündlich unter dem Volk verbreiteter Lieder (Lachmann), was dem Ganzen eine volkstümliche Komponente verlieh.

Wo von der Hagen 1819 in *Die Nibelungen: Ihre Bedeutung für die Gegenwart und für immer* noch explizit vom *Hürnen Seyfried* als Volksbuchform der Siegfried-Sage spricht, verschiebt er die Bedeutung des Terminus so, dass er auch das *Nibelungenlied* selber mit einbezieht. Er geht sogar so weit, das mittelhochdeutsche Epos „das älteste unter ihnen"[195] zu nennen, womit er dem Text eine Bedeutung der Altertümlichkeit, Volksgebundenheit und Nationalität verleiht, die mit dem eigentlichen Inhalt des *Nibelungenliedes* nicht im geringsten etwas zu tun haben.

Am Ende von *Das Nibelungenlied als Volksbuch* findet sich eine Ankündigung des Verlages „zur vierten Jahrhundertfeier der Buchdruckerkunst im Jahre 1840"[196], welche das Erscheinen des *Nibelungenliedes* in Original und Übersetzung ankündigt. Darin wird das Epos gepriesen als das „allen Germanischen Stämmen gemeinsame und anerkannt größte Heldengedicht, nicht nur des gesammten Deutschen Volkes, dessen Urgeschichte es

---

[191] Vgl. ebd., S. 29 ff.
[192] Ebd., S. 34.
[193] Vgl. Hagen, *Die Nibelungen*, S. 42.
[194] Kreutzer, S. 60.
[195] Beta, S. iv.
[196] Ebd., S. 341.

enthält, sondern überhaupt der neueren Zeit"[197]. Die Absicht, durch eine Umgestaltung das *Nibelungenlied* in die Reihe der Volksbücher aufzunehmen, ist deutlich erkennbar:

> Die Erneuung des unsterblichen alten Gedichts, welche von jeher Bedürfnis, und gleich seit der ersten Erscheinung vielfältig, in Prosa und allerlei Versarten, versucht ist, wird sich, in der Versweise der Ursprache, auch dem Sange derselben möglichst getreu anschließen, zugleich in freier Umdichtung und der Gegenwart völlig verständlicher Rede: in demselben Sinne, wie schon unser größter Dichter Goethe diesen mächtigen Altdeutschen Heldengesang seinem Kreise vortrug. So wird sich dieses Buch zugleich den von der Verlagshandlung auf ähnliche Weise ausgestalteten Deutschen Volksbüchern anreihen, und als ältestes großes Volkslied des Heldenbuchs die Grundlage desselben bilden.[198]

Der Begriff ‚Volksbuch' ist schon konfus und irreführend genug; seine Übertragung auf ein mittelalterliches Epos kann nur funktionieren, wenn die Absicht dahinter liegt, einen literarischen Beleg für einen neuen Nationalismus zu finden, und diesen dadurch zu begründen. Diese These wird dadurch bestätigt, dass von der Hagen am Ende seines Vorwortes noch explizit darauf hinweist, dass das Datum, an welchem es geschrieben wurde, der Tag der „Belle-Alliance Schlacht"[199] sei; die Schlacht bei Waterloo. Die Übertragung des *Nibelungenliedes* ins Neuhochdeutsche ist dabei nur Mittel zum Zweck: wichtig ist ihm der Zusammenhang zwischen patriotischen Gefühlen und einem Text, der diesen Idealen Tiefe und Alter verleiht. Auf diese Art und Weise ist es möglich, das *Nibelungenlied* zum Volksbuch umzufunktionieren.

---

[197] Beta, S. 341.
[198] Ebd., S. 341/342.
[199] Ebd., S. vi.

3. Die Möglichkeiten einer kontextfreien Rezeption

Es wird in dieser Arbeit die These vertreten, dass eine Rezeption des *Nibelungenliedes*, die frei ist von seiner eigenen, bedeutungsträchtigen Wirkungsgeschichte, nicht möglich ist. In diesem Abschnitt soll darauf eingegangen werden, wie Bedeutungen überhaupt zustande kommen, und wie sie beim Interpretieren von literarischen Texten entstehen. Gibt es überhaupt die Möglichkeit einer textimmanenten, kontextfreien Rezeption des *Nibelungenliedes*? Dies soll erforscht werden durch einen Blick auf die Grundlagen der Rezeptionsforschung und der Theorien über das Verstehen von Texten.

3.1. Sinnzuweisungsstrategien im Prozess des Verstehens: Theorien der Bedeutungszuweisungen bei literarischen Texten

Es wurde im vorherigen Kapitel mehrmals darauf hingewiesen, dass das *Nibelungenlied* gewisse Bruchstellen in seinem Inhalt aufweist, die es relativ unmöglich machen, es auf befriedigende Weise zu deuten, besonders, wenn man als Rezipient eine textimmanente Interpretation anstrebt, wie es die Forschung nach dem Ende des Zweiten Weltkrieges getan hat. Methodische Werkinterpretation vermutet „bei ihrem Forschungsgegenstand die Anlage zur Einheitlichkeit"[200], und inhaltliche und formale Zusammenhänge sind nötig, denn wenn „Einzelteile nicht alle auf ein gleiches Bezugszentrum verweisen, sind sie sinnlos"[201], besonders, wenn diese Einzelteile die Bausteine eines großen, epischen Werkes bilden. Bei einem inhaltlich homogenen Werk müssten sich methodische Interpretationsarten anwenden lassen, um zu einem mehr oder minder einheitlichen Ergebnis zu kommen, oder überhaupt zu einem Ergebnis. Wie bereits festgestellt wurde, trifft dies auf das *Nibelungenlied* nicht zu.

Um zu begreifen, was passiert, wenn man einen Text liest, muss man sich erst einmal folgende Frage stellen: Was sind literarische Texte? Die Philologie des neunzehnten Jahrhunderts machte es sich zum Ziel, die gesamte Kultur zu erforschen. Literatur war das Medium einer Kultur, in den meisten Fällen der einzige Zeuge. Literatur, Kultur und Sprache bildeten in dieser Hinsicht eine Einheit, welche - in einem philologischen Sinn - den Geist

---

[200] Walter Falk, *Das Nibelungenlied in seiner Epoche: Revision eines romantischen Mythos*, Heidelberg 1974 (Germanische Bibliothek 3), S. 33.
[201] Ebd.

einer Nation repräsentierte. In dieser Einheit hatte die Literatur einen Ehrenplatz, und die Erforschung der Literatur war der Weg zum Verstehen einer Nation[202].

Seit dem Beginn der Entwicklung der modernen Literaturtheorien lassen sich Terry Eagleton zufolge grob drei Phasen ausmachen: Eine Beschäftigung mit dem Autor im neunzehnten Jahrhundert, eine mit dem Text (New Criticism), und eine Verschiebung der Aufmerksamkeit auf den Leser im letzten Viertel des zwanzigsten Jahrhunderts. Diese Einteilung ist mittlerweile auch schon teilweise veraltet, da nicht nur der Leser im Mittelpunkt steht, sondern auch erneut der Text, jedoch nicht seine Strukturen, sondern das, was er möglicherweise über den Menschen preisgibt: Kultur, Klasse, Gender etc.[203] Im Grunde genommen, wie Karlheinz Stierle behauptet, „ist die Literaturwissenschaft auf der Suche nach ihrem Gegenstand, und eher noch scheint es oft, als sei sie auf der Flucht vor ihm. Die Geschichte der Literaturwissenschaft ist die Geschichte ihrer Orientierungskrisen"[204]. Was verschiedene Literaturtheorien voneinander unterscheidet ist die Tatsache, dass sie divergierende Vorstellungen ihres Forschungsobjektes haben, d.h. was die zu erforschende Literatur eigentlich ist. In der Literaturforschung wird das Objekt durch den Forscher bestimmt, nicht umgekehrt.[205]

In dem Sinne scheint es naiv zu glauben, man könne Literatur erforschen auch wenn man der Theorie den Rücken kehrt, denn es kann keine Literatur außerhalb unser eigenen Konstruktionen geben; wenn die Grundannahme lautet, dass literarische Werke nur zustande kommen als Resultat der Interaktion zwischen Text und Rezipient. In der Rezeptionsästhetik Wolfgang Isers und Hans Robert Jauß' wird argumentiert, dass ein literarisches Werk alleinstehend keine eigene Identität habe, sondern nur im Akt der Rezeption. Wo Jauß sich allerdings auf die Rolle der Rezeptionsgeschichte im Prozess des Begreifens von Literatur konzentriert, waren Isers Anliegen eher die Reaktionen auslösenden Strukturen eines Textes. Seine These war, dass ein literarischer Text das Wirkungspotential ist, welches durch die Interaktion zwischen Text und Rezipient entsteht[206].

---

[202] Vgl. Antoine Compagnon, *Literature, Theory, and Common Sense*, Princeton u. Oxford 2004, S. 12 ff.
[203] Vgl. Sutrop, Margit, *Fiction and Imagination: The Anthropological Function of Literature*, Paderborn 2000, S. 29.
[204] Ebd., S. 30.
[205] Vgl. ebd.
[206] Vgl. ebd., S. 31 ff.

Dabei ist es wichtig, den Unterschied festzuhalten zwischen Wirkungstheorie und Rezeptionstheorie. Für Iser liegt der Hauptunterschied darin, das seine Theorie der Wirkung den literarischen Text untersucht, um den Effekt auf den Leser zu erklären. Eine Rezeptionstheorie beschäftigt sich mit dem konkreten Leser, dessen Reaktionen Zeuge sind gewisser historisch konditionierter Leseerfahrungen. Das Hauptanliegen der Wirkungsästhetik ist, die Besonderheit der Reaktion des Lesers auf den Text (die Wirkung) zu erklären[207].

Was aber geschieht denn mit dem Leser, wenn er sich mit einem literarischen Text befasst? Wie lassen sich die Besonderheit dieser Wirkungen erklären? In der traditionellen Hermeneutik wird der Akt des Lesens verstanden als eine Suche nach den verschiedenen Ebenen der Bedeutung innerhalb eines Textes. Dies ist eine Betrachtungsweise, die Iser von sich weist, denn seiner Ansicht nach wird Bedeutung erst durch den Leser konstruiert und auf den Text projiziert, nicht umgekehrt. Bedeutung ist in diesem Sinne ein Effekt, der nur durch den Akt des Lesens zu erreichen ist. So gesehen gibt es keine ultimative Bedeutung, die zu erschließen ist, die sich im Text verborgen hält, sondern sie wird dem Text durch den Rezipienten zugesprochen; sie ist ein Produkt der Interaktion zwischen beiden. Zu behaupten, die Bedeutung sei im Text selbst verborgen hieße laut Iser, einen Text auf eine bestimmte Bedeutung zu reduzieren[208]. Die Grundidee lautet also, dass der Akt des Lesens keine Einbahnstraße von Text Richtung Leser sei, sondern in beide Richtungen gehe, was das Lesen zu einem dynamischen Prozess mache. Die kreative Rolle, die der Leser in diesem Prozess einnehme, käme von der Unbestimmtheitsstellen des Textes. Iser behauptet, dass der Leser diese Unbestimmtheitsstellen selbst ausfüllt, indem er sein eigenes Weltwissen hinein projiziert[209].

Im Falle des *Nibelungenliedes* gibt es sehr viele Unbestimmtheitsstellen, die vom Leser ausgefüllt werden müssen, um diesem eine das ganze Werk umfassende Bedeutungsstruktur zuweisen zu können. Eine dem Text eigene Bedeutung ist nicht zu finden, allein schon wegen seiner inneren Widersprüchlichkeit, aber wenn Bedeutung erst im Prozess des Lesens entsteht, so wird klar, warum in den fast zweihundert Jahren von der Zeit seiner ‚Wiederentdeckung' im Jahre 1755 bis zum Ende der ‚nationalen' Rezeption 1945 es immer wieder möglich war, das *Nibelungenlied* als Mittel zum Zweck zu benutzen, es einzubinden in ideologische oder politische Absichten. Es scheint auch klar, warum es nach Zusammenbruch des Dritten Reiches nicht möglich schien, eine Deutung des Liedes zustande zu

---

[207] Vgl. Sutrop, S. 35.
[208] Vgl. ebd., S. 36 ff.
[209] Vgl. ebd., S. 40 ff.

bringen, die textimmanent war und losgelöst von seiner eigenen Wirkungsgeschichte. Indem man versucht, keine Bedeutung in das Lied hineinzuinterpretieren, sondern es als Produkt seiner Zeit zu verstehen, kann man ihm keine Bedeutung abgewinnen, und es wird reduziert auf seine eigenen, internen Bruchstellen. Wenn man aber das Werk und seine Wirkung innerhalb des Kontextes seiner bekannten Rezeptionsgeschichte analysiert, so ist es stigmatisiert durch die zwei Jahrhunderte überspannende ‚nationale' Deutung, welche nicht komplett abgelegt werden kann, auch nur, wenn der moderne Interpret aktiv versucht, sich von ihr zu lösen.

3.2. Der Text, seine „Wahrheit" und der Rezipient

Ist es möglich, von einer Wahrheit der Literatur zu sprechen? Seit dem achtzehnten Jahrhundert geschieht es häufig, dass Literatur eine gewisse Wahrheit zugesprochen wird[210]. Was versteht man unter literarischer Wahrheit genau?

> Es gibt eine spezifische Wahrheit der Literatur. Es gibt genau ein annehmbares Konzept literarischer Wahrheit, eine Art Wahrheit, die auch zu beschreiben ist als ästhetisch zutreffende Charakterisierung von etwas oder einfach als ästhetisches Zutreffen, und es ist diese Art Wahrheit, die auch heute in der Regel gemeint ist, wenn die Wahrheit der Literatur zur Sprache kommt.[211]

Konzepte von Wahrheit gibt es genügend. Im Mittelalter wird Wahrheit in der Literatur dadurch beschworen, dass die Autoren Quellen für ihre eigenen Werke heranziehen, auf die sie sich berufen können, um ihnen Authentizität zu verleihen. Gottfried von Straßburg beruft sich z.B. im Tristan-Prolog auf Thomas d'Angleterre als Quelle, denn er sei beim Erforschen des Tristan und Isolde-Stoffes auf der Suche nach der Wahrheit gewesen. Durch dieses Hinweisen auf eine Quelle, die ihm als Vorlage gedient habe, suggeriert Gottfried die Wahrheit seines Textes. Dies lässt sich auch bei Autoren finden, die sich auf Quellen berufen, die es wohl gar nicht gegeben hat; eine Quellenfiktion, die dazu dient, dem damaligen Anspruch auf Wahrheit gerecht zu werden[212].

Wesentlich später, in der Neuzeit, wird die Frage nach der Wahrheit des Wortlautes nicht mehr gestellt. An ihre Stelle tritt ein anderes Konzept von Wahrheit, nämlich der einer implizierten Aussage des Textes, statt der einer expliziten Beschreibung, die vielgerühmte

---

[210] Vgl. Burghard Damerau, *Die Wahrheit der Literatur. Glanz und Elend der Konzepte*, Würzburg 2005, S. 11.
[211] Ebd., S. 13.
[212] Vgl. ebd., S. 24 ff.

Moral der Geschichte, in anderen Worten[213]. Literarische Texte galten somit „als Mittel zum Zweck der moralischen Belehrung. So wurde die Literatur zwar aufgewertet, aber funktionalisiert (...)"[214]. Was dabei wichtig zu bemerken ist, ist die Unklarheit von impliziten, texteigenen Aussagen, die eine „drohende Beliebigkeit der Interpretation"[215] mit sich bringt, und folgendermaßen auch eine „Funktionalisierung literarischer Texte für außerliterarische, insbesondere moralische Zwecke"[216].

Auch wenn dieses Konzept literarischer Wahrheit später verworfen wurde, so ist die Praxis, eine gewisse Wahrheit in einem Text zu erkennen, noch lange zu finden. Wenn ein Rezipient einen Text liest, und eine bestimmte, spezifische Bedeutung darin erkennen möchte, und der Leseprozess zweigleisig ist, so lässt sich Wahrheit in ein literarisches Werk projizieren, und eine Vorbildfunktion herausinterpretieren, vorausgesetzt der Text besitzt genügend Unbestimmtheitsstellen, um diesen Prozess zu ermöglichen. Genau das geschieht im Falle des *Nibelungenliedes,* was noch dargestellt werden soll. Zunächst aber soll diese These unterstützt werden durch einen Blick auf den Leser: was mit ihm geschieht, welche Regulierungsinstanzen benutzt werden im Prozess des Begreifens, und wie Bedeutungen tatsächlich ein Produkt der Ziele – ob bewusst oder unbewusst – des jeweiligen Rezipienten sind.

3.3. „Bedeutungen" eines Textes als Produkt der Ziele des Rezipienten

3.3.1. Die Psyche des Lesers als Regulierungsinstanz

Obwohl die Rezeptionstheorien nach den achtziger Jahren eine Flaute erlitten haben, ist seit Ende der Neunziger wieder ein Anstieg an Arbeiten zu verzeichnen, die sich mit der Rolle des Rezipienten in der Konstruktion von Textbedeutungen beschäftigen[217]. Dabei geht es nicht so sehr um das „Bedeutungs*potential* von Zeichen, sondern um dessen konkrete Realisierung, also um Bedeutungszuschreibungen von konkreten Rezipienten"[218].

---

[213] Vgl. Damerau, S. 27.
[214] Ebd., S. 30.
[215] Ebd.
[216] Ebd.
[217]Vgl. Sven Strasen, *Rezeptionstheorien. Literatur-, Sprach- und kulturwissenschaftliche Ansätze und kulturelle Modelle*, Trier 2008 (WVT Handbücher zum literaturwissenschaftlichen Studium 10), S. 2.
[218] Strasen, S. 2.

Wie genau ‚versteht' ein Rezipient einen Text? Im alltäglichen Sprachgebrauch lassen sich drei Ebenen des ‚Verstehens' voneinander unterscheiden: ‚Phonetik', ‚Semantik' und ‚Pragmatik'. Als Allererstes ist es nötig, die Zeichenfolge der Äußerung, die es zu begreifen gilt, korrekt wahrzunehmen, damit eine mentale Repräsentation einer solchen Zeichenfolge möglich wird[219]. Nach dieser Ebene des Verstehens kommt eine etwas komplexere, und zwar jene, aufgrund man den „propositionalen Gehalt der Äußerung"[220] nachvollziehen kann. „Auf der dritten Ebene ist mit Verstehen gemeint, daß der propositionale Gehalt des Textes auf eine tatsächliche oder mögliche Welt bezogen werden kann"[221]. Die Ebenen des Begreifens sind eine Sache; wie aber wird die Bedeutung zugewiesen, d.h. wie findet die dritte Ebene statt?

> [Man] könnte (...) die Suche nach einer Definition literaturwissenschaftlicher Rezeptionstheorien mit der folgenden sehr vorsichtigen Arbeitshypothese beginnen: "Rezeptionstheorien sind solche theoretischen Modellen, die dem Wissensbestand und dem individuellen Kontrollsystem des Lesers einen nicht-trivialen Einfluß auf die Bedeutungszuschreibung unterstellen." Doch diese Definition ist so vorsichtig, daß sie kaum operationalisierbar ist, denn letztlich ist nur eine ungeklärte Frage durch eine andere ersetzt worden, nämlich die Frage, was Rezeptionstheorie ist, durch die Frage, was ein nicht-trivialer Beitrag zur Bedeutungszuschreibung ist.[222]

Wäre die zentrale Bedeutung eines Textes in ihm selbst enthalten, so wäre es ein leichtes, sie zu ermitteln; vor allem würden dann logischerweise alle Rezipienten am Ende der Lektüre zu faktisch demselben interpretatorischen Ergebnis gelangen. Umgekehrt muss es dann aber auch heißen, dass wenn die Bedeutung eines Textes allein vom Leser projiziert würde, es genauso viele Interpretationen geben müsste, wie es Leser gibt. Das ist bei keinem Text der Fall: es kommt bei Deutungen immer zu Dissens, aber auch zu größeren Übereinstimmungen zwischen den Rezipienten. Der Arbeitsdefinition zufolge ließe eine Rezeptionstheorie eher „die Übereinstimmung als die Differenz zwischen verschiedenen Rezeptionsresultaten erklärungsbedürftig"[223] erscheinen. In diesem Fall gibt es zwei Möglichkeiten: 1) Bedeutungszuweisungen finden primär durch den Text statt, „der zwar seine Bedeutung nicht eindeutig determiniert, aber doch die Bandbreite von möglichen Rezeptionsresultaten einengt"[224]; 2) Die Unterschiedene der „Wissensbestände und Kontrollsyste-

---

[219] Vgl. ebd., S. 27.
[220] Ebd.
[221] Ebd.
[222] Ebd., S. 43.
[223] Strasen, S. 44.
[224] Ebd.

me"[225] zwischen den einzelnen Lesern sind nicht groß genug, um extrem unterschiedliche Bedeutungszuweisungen auszulösen.

Dem Text wird ein symbolischer Gehalt durch den Leser zugewiesen, was ein subjektiver Prozess ist, welcher durch die psychischen Kontrollsysteme der Rezipienten determiniert wird[226]. David Bleich z.B. unterstellt, dass wenn ein „Text als literarisch verstanden wird, der Prozeß der affektiv gesteuerten Sinnzuweisung immer schon stattgefunden hat"[227]. Es ist also nicht der Text an sich, aber seine „Resymbolisierung"[228], die im „Kontrollsystem und im Wissensbestand"[229] stattfindet, welche Bedeutung kreiert: „Zunächst modifiziert der Rezipient den Text, und jeder weitere Verarbeitungsschritt bezieht sich auf diesen modifizierten Text. Darüber hinaus müßten in das Kontrollsystem und in den Wissensbestand emotionale Faktoren integriert werden"[230].

Dadurch wird klar, dass der Leseprozess – und damit der Prozess des Verstehens von Texten – generell durch die Psyche des Lesers determiniert wird; allerdings spielt auch der Text an sich eine Rolle bei Bedeutungszuweisungen, damit sich relativ konstant bleiben[231], d.h., es findet eine „Transaktion zwischen Leser und Text"[232] statt. In jedem Fall wird Interpretation so zu einem Ausdruck von individueller Identität, wobei Dissens bei Interpretationen „in erster Linie unterschiedliche Identitäts-Themata der Interpreten"[233] ausdrücken. Was natürlich ebenfalls bedeutet, dass das Ergebnis der Interpretation im Groben bereits feststeht, bevor der eigentliche Prozess überhaupt begonnen hat[234].

3.3.2. Soziokulturelle Normierung als Regulierungsinstanz

Es sind nicht nur individuell psychologische Kontrollsysteme und Regulierungsinstanzen, welche die Rezeption eines literarischen Textes beeinflussen, sondern auch soziokulturelle; was Konsens und gleichzeitig Dissens bei der Interpretation verschiedener Rezipienten eines selben Textes erklären würde. Wo Wolfgang Iser noch der Meinung war,

---

[225] Ebd.
[226] Vgl. ebd., S. 46.
[227] Ebd., S. 47.
[228] Ebd.
[229] Ebd.
[230] Ebd.
[231] Vgl. Strasen, S. 50.
[232] Ebd., S. 51.
[233] Ebd., S. 52.
[234] Vgl. ebd., S. 53.

der Text sei es, der Kontrollsysteme und Wissensstrukturen manipuliere, so postuliert Stanley Fish, dass die Kontrollsysteme des Lesers den Text dermaßen beeinflussen, „daß diese gar nicht vom Text in Frage gestellt werden können"[235]. Diese Kontrollsysteme seien durch sozio-kulturelle Normierung prädefinierte Wissensbestände. Über diese Art der Wahrnehmung und Interpretation des Wahrgenommenen schreibt Fish folgendes:

> [M]embers of the same community will necessarily agree because they will see (and by seeing, make) everything in relation to that community's assumed purposed and goals; and conversely, members of different communities will disagree because from each of their respective positions the other ‚simply' cannot see what is obviously and inescapably there: this, then, is the explanation for the stability of interpretation among different reader (they belong to the same community).[236]

Wenn also auf der einen Seite die Psyche des Lesers, auf der anderen die von ihm erlernten Wissensbestände sozio-kultureller Prägung das Verständnis eines Textes zum großen Teil bestimmen, so ist es einfach zu verstehen, wie einem Text von einer Reihe von Forschern, die alle ähnliche Zwecke verfolgten, eine bestimmte Bedeutung zugeschrieben werden konnte. Die Tatsache, dass diese Bedeutung vom Text allein her nicht zu rechtfertigen ist, spielt dabei (wie man an der Rezeptionsgeschichte des *Nibelungenliedes* klar erkennen kann) nur eine geringe Rolle. Das Interpretationsergebnis lag schon vor, bevor der Prozess des Verstehens eigentlich begonnen hatte, denn die Absicht, zu einer genauen Deutung zu kommen, lag vorher schon fest. Im Umkehrschluss wird dann auch klar, warum es nicht möglich ist, einen Text wie das *Nibelungenlied* kontextfrei zu interpretieren: die Wissensbestände und die Psyche des Lesers beeinflussen die Interpretation maßgeblich; ohne Kontext bleibt der Text brüchig und nicht interpretierbar.

---

[235] Ebd., S. 84.
[236] Ebd., S. 86.

4. Das *Nibelungenlied* - Der Werdegang des Mythos „Nationalepos"

4.1. Theorien zur Entstehung des *Nibelungenliedes* aus seinem „Sagenkreis"

Gegen Ende des achtzehnten Jahrhunderts begannen die Intellektuellen, sich eine bürgerliche Gesellschaft vorzustellen, die als Kontrast zum Feudalstaat stand. Der Aufklärer Jean-Jacques Rousseau fantasierte dieses Ideal einer bürgerlichen Gesellschaft „in die edlen Wilden hinein, die als Reste einer Urgesellschaft mit sowohl paradiesischen als auch urchristlichen Zügen interpretiert wurden"[237]. Rousseau vertrat die These, dass Ungleichheit durch Privateigentum entstanden sei, und dass es im „unzivilisierten Naturzustand eine ursprüngliche Gleichheit gegeben habe"[238]. Die Thesen Rousseaus dienten u.a. als Vorlage für Herders *Ideen zur Philosophie der Geschichte der Menschheit*, eine Theorie, die postuliert, dass die Gesellschaft sich von einem ursprünglichen Urzustand verschieden entwickelt, um am Ende zu einem Idealzustand der Menschlichkeit zu gelangen. Man erträumte sich ein ideelleres, besseres, reineres und humaneres Dasein in den alten Mythen[239]. Die Individualität der Völker, die hier angesprochen wird, ist nicht so sehr nationalistisch, als republikanisch bedingt[240]. Im fünfzehnten Buch steht:

> "Humanität ist Zweck der Menschennatur...Das Menschengeschlecht ist bestimmt, mancherlei Stufen der Kultur in mancherlei Veränderungen zu durchgehen...Nach Gesetzen ihrer inneren Natur muss mit der Zeitfolge auch die Vernunft und Billigkeit unter den Menschen mehr Platz gewinnen und eine dauernde Humanität befördern."[241]

Die literarischen Vorbilder Herders sind Homer, Ossian und Shakespeare. Das *Nibelungenlied* passt in dieses Schema und kann zur ‚deutschen Ilias' werden, nicht, weil es deutsch-national ist, sondern Deutsches in ‚Form ursprünglicher Freiheit'[242] beinhaltet. Die ‚Deutsche Mythologie', die in diesem Zusammenhang während der nächsten Jahrzehnte entwickelt wurde, ist ein Kunstobjekt, welches religionsgeschichtlich so niemals existiert hat, aber als Projektionsfläche der Träume und Ideale der Intellektuellen des neunzehnten

---

[237] Volker Gallé, „Fantasien von Kelten und Germanen: MacPhersons ‚Ossian' und Fouqués ‚Held des Nordens'", in: *Die Nibelungenlied-Gesellschaft*. Online: http://www.nibelungenlied-gesellschaft.de/03_beitrag/galle/fs05_galle.html (Zugriff 01.07.2011).
[238] Ebd.
[239] Vgl. Hartwich, S. 9.
[240] Vgl. Gallé, *Fantasien*.
[241] Ebd.
[242] Ebd.

Jahrhunderts dient. Das sogenannte Germanentum wurde zur Grundlage der deutschen Identität, aber es war zunächst nicht auf Deutschland als politische Nation limitiert: durch Überbrückung von geschichtlicher und räumlicher Grenzen konnten die Lieder der *Edda* als historische Dokumente der ‚Deutschen Mythologie' herangezogen werden[243]. „Die Heldensagen der Völkerwanderungszeit, die höfische Epik und die Rechtsbücher des Mittelalters sowie Märchen und Bräuche der bäuerlich-dörflichen Lebenswelt"[244] waren, besonders für die Brüder Grimm und Andreas Heusler, Ausdruck des Germanisch-Deutschen Geistes. Heusler schreibt in *Nibelungensage und Nibelungenlied: die Stoffgeschichte des deutschen Heldenepos*:

> Der Stoff der Nibelungen kam nicht aus Frankreich, sondern aus heimischen Quellen, teils mündlichen, teils schriftlichen. Es war deutsche Heldensage, die seit rund siebenhundert Jahren deutsche Dichter ausgebildet hatten. Darum nennt man die Nibelungen ein ‚Volksepos', das kann nur meinen: eine Dichtung mit heimischem, nationalem Inhalt. Es ist ein ‚Heldenepos', ein Heldenbuch: es erzählt eine Geschichte aus heroischer Vorzeit (...).Als Heldenepos stellt sich das Nibelungenlied in eine Reihe mit berühmten Werken andrer Völker: den homerischen Dichtungen, dem englischen Beowulf des achten Jahrhunderts, dem französischen Roland des beginnenden zwölften, um nur diese zu nennen.[245]

Das ist das Umfeld, in dem das deutsche Nationalbewusstsein entstand; in der Romantik nahm er dann nationalistischere Züge an, und auch das *Nibelungenlied* sollte eine andere Rolle einnehmen, worauf in einem späteren Abschnitt noch genauer Bezug genommen werden soll. Da das *Nibelungenlied* der Beweis dafür sein sollte, dass es eine ‚deutsche *Ilias*' gebe, musste seine Entstehungsgeschichte alt und natürlich, und im Rahmen der Suche nach Volkspoesie auch volksgebunden sein. Über die Jahrhunderte seit seiner ‚Wiederentdeckung' sind verschiedene Theorien aufgekommen, welche die Entstehung des Liedes aus seinem Sagenkreis heraus erklären wollten. 1812 schrieben Büsching und von der Hagen folgendes über den „Fabelkreis des Heldenbuches und der Nibelungen"[246]:

> Vollständig umfaßt diesen ganzen Fabelkreis, die eingeständlich aus einem großen, verlorenen, Altdeutschen Heldenbuche, einzelen Liedern und mündlichen Sagen Deutschlands, um die Mitte des 13ten Jahrhunderts (...) in Nordischer Prosa zusammen geschriebene Wilkina- und Niflunga-Saga (...), welche allein uns noch eine Menge in Deutschland untergegangener Heldengedichte bewahrt.[247]

---

[243] Vgl. Hartwich, S. 10 ff.
[244] Ebd., S. 11.
[245] Andreas Heusler, *Nibelungensage und Nibelungenlied: die Stoffgeschichte des deutschen Heldenepos*, Dortmund 1965 (1921), S. 5.
[246] Büsching/Hagen, *Literarischer Grundriß*, S. 1.
[247] Ebd.

Dies hinterlässt den Eindruck, dass es eine Reihe mündlicher Sagen gegeben habe, die ihren Ursprung in den weit entfernten Tagen des *heroic age* haben, und die – wenn auch nicht komplett – schriftlich überlebt haben. Dabei gab es auch Theorien, die weniger auf die Anonymität des Verfassers und das allgemein volksgebundene des Liedes bauten, sondern nach einem konkreten Namen suchten. Franz Mone fasste 1818 zusammen, dass die Gelehrten sich in zwei Lager teilten: eins, welches für das Lied einen einzigen Dichter annahmen (unter ihnen Johannes von Müller, Bodmer, Schlegel), und das andere, welches zwei oder mehr vermutete (darunter von der Hagen, Lachmann und die Brüder Grimm). Johannes Müller dachte, Wolfram von Eschenbach sei der Verfasser gewesen, Andere nahmen Konrad von Würzburg an. Bodmer war der Meinung, das *Nibelungenlied* und die *Klage* seien vom selben Dichter verfasst worden[248]. Auch wenn versucht wurde, diese Annahmen zu begründen, ist keine von ihnen wirklich belegbar, und die Schlüsse, die gezogen wurden, basieren auf Fehlannahmen.

Karl Lachmann gehörte zu der zweiten Gruppe, die nicht glaubte, dass das *Nibelungenlied* von einer einzigen Person gedichtet worden sei, sondern aus einer „noch jetzt erkennbaren Zusammensetzung einzelner romanzenartiger Lieder"[249]. Die Theorie war, dass es aus diesem Sagenkreis verschiedene Lieder gab, die mehr oder weniger zusammenhängend in mündlicher Tradition im Volke überlebten. Der Verfasser des schriftlichen *Nibelungenliedes* habe dann diese verschiedenen Lieder zusammengefügt, und sie dann so dargestellt, dass der Burgundenuntergang als Konsequenz von Kriemhilds Racheplänen erscheinen musste[250].

Nicht nur die Suche nach dem Dichter bestimmte den Versuch, die Ursprünge des *Nibelungenliedes* zu begreifen, sondern auch die Suche nach dem stofflichen Ursprung, und die nach einem Archetypus (Heusler). Im Folgenden soll auf die Theorien Karl Lachmanns, der Brüder Grimm und Andreas Heuslers eingegangen werden, denn sie sind ein maßgeblicher Teil des Grundes, warum das *Nibelungenlied* „[s]einen Platz im kulturellen Gedächtnis Deutschlands und seine Assoziation mit der deutschen Geschichte"[251] vor allem „der Herkunft seines Stoffes aus einer als ‚national' aufgefassten Überlieferung"[252] verdankt, und

---

[248] Vgl. Franz Josef Mone, *Einleitung in das Nibelungen-Lied; zum Schul- und Selbstgebrauch*, Heidelberg 1818, S. 19/20.
[249] Ebd., S. 24.
[250] Vgl. ebd., S. 24.
[251] Müller, Spielregeln, S. 7.
[252] Ebd.

warum es sein kompromittiertes Image bis heute nicht wirklich von sich weisen konnte, in populärer Kultur wie in der Wissenschaft.

4.1.1. Andreas Heuslers „Ältere Nibelungenôt": Die Suche nach einem Archetypus

In Andreas Heuslers Theorie bestand der erste Abschnitt des *Nibelungenliedes*, der sein Ende in Siegfrieds Ermordung findet, aus mehreren, zusammengesetzten Liedern[253]. Wie ein Epos entsteht, damit hat er sich ausführlich beschäftigt: Wie und woraus sei das Epos entstanden? Aus einem Lied, aus mehreren, oder aus etwas komplett anderem? „,Am Anfang war die Fabel': erste Grundlage ist ein schriftloses Lied, das in knapper episch-dramatischer Haltung eine gewichtige Fabel, eine Heldensage, in ihrem ganzen Ablauf verkörpert"[254]:

> In jahrhundertelanger gedächtnismäßiger Weitergabe verjüngt das Lied seine Sprach- und Versform gemäß dem Stil der zeiten. Es ändert seinen Inhalt nach mehr oder minder planvollen Antrieben, wie Zeitgeschmack, Kunst des Einzelnen und äußre Zufälle es mit sich bringen. Die Änderungen ergreifen die Teile des Liedes sehr ungleich. Das Stärke-verhältnis der Teile kann sich verschieben, Die eine Gestalt kann wichtiger werden, die andre einschrumpfen. (…) Motive verwandeln ihre Gestalt oder ihren Sinn; ein äußerster Fall ist, daß das Hauptmotiv umbiegt. Am zähesten hält sich der Rahmen, der allgemeine Umriß der Liedfabel.[255]

Der Verfasser des schriftlichen *Nibelungenliedes* habe „zwei bereits innerlich ver-bundene Gedichtinhalte zu einem fortlaufenden Ganzen"[256] verknüpft und eine inhaltliche, sowie formale Einheit angestrebt. Den ursprünglichen Bausteine des Liedes seien Elemente hinzugedichtet worden, aus mündlichen wie schriftlichen Quellen, aus der Zeitgeschichte und aus der eigenen Lebenserfahrung des „Umdichters"[257]. Dies seien, so Heusler, „die erschließbaren Hergänge im Lebenslauf des deutschen Nibelungenstoffes"[258]. Der zweite Teil, in dem es hauptsächlich um die Rache Kriemhilds geht, habe seinen Ursprung in einer *Älteren Not*, eine schriftliche Version des Burgundenuntergangs, entstanden in den 1160er Jahren durch einen Schreiber im Auftrag Heinrich II von Österreich(1141-1177)[259]:

---

[253] Vgl. Martin, *Nibelungen-Metamorphosen*, S. 75.
[254] Heusler, S. 109.
[255] Ebd.
[256] Ebd.
[257] Heusler, S. 110.
[258] Ebd.
[259] Vgl. Francis G. Gentry/ Winder McConnell / Ulrich Müller / Werner Wunderlich (Hrsg.), *The Nibelungen Tradition: An Encyclopedia*, New York 2002, S. 191.

> Der namenlose Verfasser war Spielmann, aber von der höheren Art: schreibekundig und wohl bewandert in weltlicher und geistlicher Dichtung, in Epen und Minnesang. Sein eigenes Buch zielte auf vornehme Hörer: den bischöflichen Hof in Passau, den herzoglichen Hof in Wien. Das waren Gesellschaftskreise, die seit bald zwanzig Jahren, zumal im westlicheren Deutschland, die modische Ritterdichtung unterhielt, die aus welschen Büchern übertragenen Romane von Eneas, von Tristan, von den Artusrittern.[260]

Der Beweis für seine Theorie findet sich für Heusler in der Tatsache, dass es im ersten Teil des *Nibelungenliedes* – was Heusler die „Sagenkette der Walisungen"[261] nennt – viele „erzählerische Brüche"[262] gibt, während der Zweite sich konsequent auf den Untergang der Burgunden zubewegt. Vor allem aber sieht er sich dadurch bestätigt, dass die Geschichte des zweiten Teils größtenteils mit dem Burgundenuntergang in der *Thiðrekssaga* übereinstimmt, während die Abschnitte über Siegfried erheblich voneinander abweichen. Dies ließe, so Heusler, im Falle des zweiten Teils auf eine mehr oder minder festgelegte Vorlage schließen[263]. Heusler ging ebenfalls davon aus, dass die Ältere Nibelungennot in der *Thiðrekssaga* benutzt wurde, sowie in einer norwegischen Ballade, die zwar verloren gegangen sei, deren Existenz man rückschließend immer noch erkennen könnte z.B. in der dänischen Ballade „Kremholds Rache". Durch eine vergleichende Analyse dieser Texte, sowie der Hendenbuchprosa und der *Edda*-Tradition, glaubte Heusler, die hypothetische Vorlage rekonstruieren zu können[264].

Heuslers Hypothese wurde von den Intellektuellen seiner Zeit beinahe ohne Widerspruch akzeptiert. Die *Ältere Nibelungennot* wurde lange als ein wirklicher, historischer Text angesehen, und die Meinungen gingen hauptsächlich darüber auseinander, wie lang der Text gewesen sein muss – nach Heuslers Ansicht vierhundert Strophen – und die An- bzw. Abwesenheit gewisser Handlungselemente. In der neueren Forschung wird diese Ansicht bezüglich eines Archetypus kaum noch geteilt, z.B. von Theodore M. Anderson, welcher versucht hat, Heuslers Theorien zu beweisen[265]. Die Möglichkeit, dass es außer der mündlichen Tradition auch noch schriftliche Vorgänger des uns bekannten *Nibelungenliedes* gibt, ist nicht komplett widerlegbar, jedoch auch nicht zu beweisen, und jede Diskussion über den Inhalt und die Form eines solchen hypothetischen Vorgängers ist müßig.

---

[260] Heusler, S. 5.
[261] Ebd., S. 13.
[262] Martin, *Nibelungen-Metamorphosen*, S. 75.
[263] Vgl. ebd.
[264] Vgl. Gentry, S. 191.
[265] Vgl. Gentry, S. 192.

4.1.2. Johann Gottfried Herder, Karl Lachmann, die Brüder Grimm und die ‚Volkslied'-Theorie

Es war Herders Erhöhung des Volksbegriffs, die als Grundlage für die neue National-Ideologie im neunzehnten Jahrhundert diente. Dem ‚Volk' (sei es nun ‚Volk' als Nation, Volksstamm oder Unterschicht; Letzteres hatte bei Herder keine negative Konnotation[266]) wurde Ehrwürdigkeit zugesprochen, da es „Dichtung, alte Sitte und Mythologie bewahrt und trägt"[267]. Hier findet bereits die Aufteilung in „Volkskunst"[268] und „Kunstformen der Gelehrten"[269] statt.

Die äußeren Bedrohungen, denen Deutschland durch Frankreich zu Anfang des neunzehnten Jahrhunderts ausgeliefert war, führten dazu, dass man fehlende politische Größe durch Betonung der Größe im kulturellen Bereich auszugleichen suchte, wobei besonders die Sprache als Mittel kultureller Manifestation galt. Die romantische Vorstellung einer deutschen Kulturnation galt als zukunftsweisend für die Bildung einer politischen Einheit. So wird die Erforschung historischer Traditionen „Bestreben, den politischen Partikularismus zu überwinden"[270]. Die Begriffe ‚Volk' und ‚Vaterland' werden, z.B. in Johann Gottlieb Fichtes *Reden an die deutsche Nation* semantisch aufgeladen, ‚ewig' und ‚göttlich' genannt, besonders in der Achten Rede: *Was ein Volk sei, in der höhern Bedeutung des Worts, und was Vaterlandsliebe*[271]: „sie sind die Spiegelung des Göttlichen auf Erden und verdienen dementsprechend die gleiche (…) Zuwendung wie das Göttliche selbst. Die Vaterlandsliebe ist es, die die göttliche und ewige Dimension des Vaterlandes zum ‚Aufblühen' bringen soll"[272]. Somit werden ‚Volk', sowie ‚Vaterland' „zu einem sinn- und wertestiftenden Bezugssystem"[273].

Somit ging es bei der Beschäftigung Jacob Grimms und seiner Nachfolger mit ‚deutscher Mythologie' nicht so sehr um die Wissenschaft an sich, sondern darum, einen „patriotischen Beitrag zur ‚Ehre der Nation'"[274] zu leisten. Das Problem war nur, dass es im Gegensatz zur klassischen Mythologie, im Falle der Deutschen nicht genügend Quellen gab. So

---

[266] Vgl. Kellner, S. 19.
[267] Ebd.
[268] Ebd.
[269] Ebd.
[270] Kellner, S. 23.
[271] Vgl. Fichte, S. 177 ff., S. 208 ff., S. 243 ff.
[272] Kellner, S. 23.
[273] Ebd.
[274] Ebd., S 2.

berief man sich auf alte sprachliche Denkmäler, die außerhalb ihres geschichtlichen Kontextes betrachtet wurden[275] und somit auf die Weise interpretiert werden konnten, wie es die dahinter stehende Absicht verlangte. Für Herder ist Volkspoesie die Art und Weise, in welcher der Geist und das Wesen einer Nation sich manifestieren und offenbaren. Zuvor waren Volkspoesie und Mythologie negativer konnotiert, d.h. man betrachtete diese als ‚Ammenmärchen'. Herder, und nach ihm die Romantiker erheben diese Begriffe und bewerten sie neu, positiv[276].

Stein des Anstoßes waren die Veröffentlichungen von Macpherson (*Fragments of Ancient Poetry, collected in the Highlands of Scotland and translated from Gaelic or Erse Language*, von 1760) und Percy (*Reliques of Ancient English Poetry: Consisting of Old Heroic Ballads, Songs and other Pieces of our earlier Poets (chiefly of the lyric kind). Together with some few of later Date*, von 1765)[277]. Diese Editionen wurden für authentische Volkspoesie gehalten, was nicht den Tatsachen entsprach, da beide Macpherson und Percy viel jüngere Traditionen, als sie angaben, einfach umarbeiteten. Da die Rezipienten aber im Allgemeinen diese Editionen für echte „Wiedergaben des Alten und Echten"[278] hielten, „wurde das Phantom ‚Volkspoesie' geboren"[279].

Jacob Grimm versuchte, die fehlende politische Einheit durch das Hervorheben Deutschlands als einer geschlossenen Kulturnation wettzumachen. Es sei die Sprache, die sich gleich einem roten Faden von der Vorzeit bis zur Gegenwart ziehe, welche einem Volk eine Identität gebe, eine gemeinsame Vergangenheit, die als Basis für eine noch zu erbauende Zukunft galt. Alte Denkmäler der deutschen Sprache waren für Jacob Grimm in dem Sinne wichtig, dass sie echt und ursprünglich waren, also ursprünglich deutsch bzw. germanisch. Das Finden, Forschen und Erhalten dieser Merkmale bedeutete für Jacob Grimm Dienst am Vaterland; Vaterlandsliebe war die deklarierte Voraussetzung seiner wissenschaftlichen Arbeit[280]. 1807 schreibt er:

> ich behaupte folgende sätze und ihre identität: die älteste geschichte jedwedes volks ist volkssage, jede volkssage ist episch. das epos ist alte geschichte. alte geschichte und alte poesie fallen nothwendig zusammen. in beiden ist vermöge ihrer natur die höchste unschuldigkeit (naivetät) offenbar.[281]

---

[275] Vgl. ebd.
[276] Vgl. ebd., S. 25 ff.
[277] Vgl. ebd., S. 28.
[278] Ebd.
[279] Ebd.
[280] Vgl. Kellner, S. 28 ff.
[281] Ebd., S. 34.

Unschuld und Naivität sind es also, was Poesie zu ‚Naturpoesie' macht, und auch, dass sie, oder besser sein Stoff kollektiv dem Volk gehört, und nicht einem einzelnen Dichter, der sie vielleicht verschriftlicht hat. Das macht die Denkmäler der Volkspoesie zu „Abbilder[n] des ‚Urbildes'"[282] - die Quelle aller poetischen Erzeugnisse eines Volkes, entsprungen aus göttlichem Geiste. Als Gegensatz zur ‚Naturpoesie' muss die ‚Kunstpoesie' stehen, wo die ‚Naturpoesie' für all das steht, was Grimm für ursprünglich und wahr hielt, d.h. Epen, Sagen, Mythologie. ‚Kunstpoesie' unterscheidet sich davon durch die Kultur, die sie auszeichnet, d.h. wo im naturpoetischen Zeitalter Poesie und Geschichte noch eine Einheit bildeten, trennte das Aufkommen der Bildung beides. Somit wurde auch die Einheit der Nation entzweit, und die alte ‚Naturpoesie' wurde Domäne der ungebildeten Unterschicht, die sie bewahrte[283].

Schon Schiller trennte zwischen zwei Zeitaltern, dem ‚ursprünglichen Naturzustand', d.h. der ‚naiven' Dichtung, und dem der „Entfremdung von Natur und Geist"[284], d.h. der ‚sentimentalischen' Dichtung. Der ‚naive' Dichter sei Natur, während der ‚sentimentalische' sie nur suche. Wo Schiller allerdings den Verlust der ‚Naturpoesie' als notwendig ansah, wird dieser Prozess bei Jacob Grimm negativ konnotiert, und er sieht ihn als eine Art Vergreisung der deutschen Kultur. Die alte Zeit sei gerade wegen ihrer größeren „Nähe zum Ursprung idealisierend als ethisch gut und wahr und von der Gegenwart Gottes beseelt, gedacht, während die neue Zeit als Epoche der Gottesferne und moralischen Dekadenz erscheint".[285] Lachmann greift diesen Gedanken – und auch diese Bewertung – in seinem Werk *Zu den Nibelungen und zur Klage* von 1836 auf. Gleich auf der ersten Seite heißt es bezeichnend:

> Es bedarf längst nicht mehr des beweises, dass das gedicht von den Nibelungen auf der sage ruht, dass auch kein irgend bedeutender theil der erzählung von einem einzelnen kann mit absicht erfunnden sein: man muss es nur widerholen, weil ein gelehrtes zeitalter immer abgeneigt ist, der volkspoesie etwas eignes zu gönnen, das nicht von buchgelehrsamkeit ausgeht.[286]

Dieser vermeintliche starke Kontrast zwischen ‚Volkspoesie' und ‚Buchgelehrsamkeit' steht in direkter Verbindung zu Jacob Grimms vehementer Ablehnung gegenüber Modernisierungen alter Denkmäler deutscher Literatur. Seiner Ansicht nach wäre durch eine Übertragung des *Nibelungenliedes* nichts gewonnen, sondern „sondern sein ‚höchster

---
[282] Ebd., S. 36.
[283] Vgl. ebd., S. 37 ff.
[284] Ebd., S. 41.
[285] Vgl. Kellner, S. 41/42.
[286] Lachmann, S. 1.

reiz würde verloren gehen'"[287]. Es ist der mythische Urgrund, den die Brüder Grimm erforschen wollen, wo Poesie und Geschichte noch eine Einheit bildeten. Deswegen ist für sie alles, was alt und, aus ihrer Sicht, authentisch ist, es wert, in seiner Ursprungsform erhalten zu bleiben, denn das Alte ist „die Quelle der Kraft schlechthin"[288], die ewig ist und die Verbindung zwischen Vergangenheit, Gegenwart und Zukunft darstellt.

4.2. Die „Wiederentdeckung" des Epos: Ein künstlicher Ursprungsmythos

Die Überlieferungszeit des *Nibelungenliedes* seit seiner Entstehung um das Jahr 1200 reicht ungefähr bis Ende des fünfzehnten Jahrhunderts. Zu dieser Zeit ist das Interesse am Text drastisch geschwunden, da es vom Buchdruck nicht erfasst wurde. Auch die Tatsache, dass es nur elf komplette Handschriften des Epos gibt[289], kann als Indiz gewertet werden, dass es schon im Mittelalter an Status einbüßen musste. Gegen Ende des fünfzehnten Jahrhunderts musste es in „archivarischen (...) Sammelschriften – genannt Heldenbücher"[290] – aufgezeichnet werden, um überhaupt zu überleben, z.B. nach der Handschrift d im *Ambraser Heldenbuch*[291]. Von dort an würde es fast 250 Jahre dauern, bis die nächste Phase der Rezeption des *Nibelungenliedes* in 1755 beginnen sollte.

Was war aber der Grund, dass man sich ab der Mitte des achtzehnten Jahrhunderts auf einmal wieder für solche alten Manuskripte interessierte? Voraussetzung dafür war natürlich die zu dem Zeitpunkt noch immer aktuelle Begeisterung für die klassisch-griechische Kultur – „Vorbild einer kraftvollen Naturpoesie und eines unverwüstlichen Titanismus, die in enge Beziehungen gebracht wurden zur eigenen historischen Vergangenheit und ihrer Dichtung"[292] - sowie auch das neue, langsam entstehende Nationalbewusstsein. Das Mittelalter und seine Rezeption spielen darin eine besondere Rolle: Im siebzehnten und achtzehnten Jahrhundert machten die meisten Länder Europas eine Phase der

---

[287] Ebd., S. 45.
[288] Ebd., S. 47.
[289] Vgl. Bönnen/Gallé, S. 105.
[290] Bönnen/Gallé, S. 105.
[291] Roswitha Pritz, *Das Nibelungenlied nach der Handschrift d des "Ambraser Heldenbuch" (Codex Vindobonensis Ser. nova 2663, Wien, Österreichische Nationalbibliothek); Transkription und Untersuchungen.* Diss. Wien 2009, S. 4 ff.
[292] Lerke von Saalfeld, *Die Ideologische Funktion des Nibelungenliedes in der Preussisch-Deutschen Geschichte von seiner Wiederentdeckung bis zum Nationalsozialismus. Inaugural-Dissertation zur Erlangung des Doktorgrades des Fachbereichs Germanistik der Freien Universität Berlin*, Berlin 1977, S. 21.

Zentralisierung durch, während das Deutsche Reich immer instabiler wurde. In z.B. England oder Frankreich konnte sich eine nationale Identität parallel zur politischen Entwicklung bilden, d.h. der Staat konnte zum Identifikationsmodell für seine Bürger werden. Das Deutsche Reich hingegen besaß bis 1871 keinen positiven Gründungsmythos, der als Basis für eine nationale Identität hätte dienen und somit ein „Wir-Gefühl"[293] verleihen können.

Dieses Manko bildet den Urgrund der Suche nach einem identitätsstiftenden Gründungsmythos für die Deutschen, die, anders als die Franzosen, zu diesem Zweck nicht auf ihre jüngere Geschichte blicken konnten, und deswegen weit in die Vergangenheit – die als germanisch empfundene Antike – zurückgreifen mussten. Das *Nibelungenlied* wurde somit zu einem idealen Dokument, auf dessen Grundlage sich ein neues deutsches Nationalbewusstsein bilden ließ[294]. Schon durch Klopstocks Bardendichtung gerieten das Mittelalter und seine Literatur in den Fokus der Intellektuellen. Obwohl er persönlich das *Nibelungenlied* nicht kannte, befand er für wichtig, dass man Altes nicht missachtete, sondern dieses stattdessen mit dem Neuen verbinden sollte, um zu einem besseren Verständnis für die eigene Nation zu gelangen[295]. Homer war darin Inbegriff des antiken, Griechisch-Heroischen, und es wurde – z.B. von Johann Jakob Bodmer – geglaubt, dass auch die Deutschen solch eine heldenhafte Vergangenheit besaßen, derer man sich nur wieder bewusst werden müsste.

Es war Bodmer, der den endgültigen Anstoß zur ‚Wiederentdeckung' des *Nibelungenliedes* gab. Bodmer, der Gymnasialprofessor, Buchhändler und Ratsmitglied seiner Heimatstadt war[296], hatte ein großes Interesse an der Dichtung „aus dem schwäbischen Zeitalter"[297], d.h. aus der Stauferzeit. Bereits im Jahre 1743 schrieb er eine Abhandlung *Von den trefflichen Umständen für die Poesie unter den Kaisern aus dem schwäbischen Hause*, in der mutmaßte, das dreizehnte Jahrhundert habe den Höhepunkt der deutschsprachigen Dichtung gebildet.

Homer war für ihn der Innbegriff griechisch-heroischer Genialität, und er nahm an, dass wenn das staufische Zeitalter von der Größe her das deutsche Pendant zur homerischen Epoche war, es ebenfalls eine Poesie homerischen Ausmaßes besitzen müsse. Der

---

[293] Martin, *Nibelungen-Metamorphosen*, S. 215.
[294] Vgl. ebd.
[295] Vgl. Saalfeld, S. 22.
[296] Vgl. Michael Böhler, „Johann Jakob Bodmer", in: *Historisches Lexikon der Schweiz* (11.08.2004). Online: http://www.hls-dhs-dss.ch/textes/d/D11575.php (Zugriff 01.07.2011).
[297] Mackensen, S. 215.

Glaube an „historische Gesetzmäßigkeiten, nach denen die Epochen geformt und gegeneinander abgehoben wären"[298], war zu Bodmers Zeit weit verbreitet, und er folgerte, dass wenn er es zustande brächte, „das ‚homerische Epos' schwäbischen Zeitalters zu finden"[299], wäre auch seine These „der Parallelität der griechischen und der altdeutschen Dichtung"[300] endgültig bewiesen. Deswegen begann er also, nach einem Text zu suchen, der diesen Anforderungen gerecht werden könnte: einer potentiellen deutschen *Ilias*: „Ein fundierter Text"[301], Herder zufolge, auch wenn dieser dabei nicht an das *Nibelungenlied* gedacht hatte, „konnte von dem Trauma einer ewig nur nachahmenden Kulturnation befreien"[302].

Es war Bodmers enger Mitarbeiter und Helfer Jakob Obereit[303], der dann 1755 im Grafenschloss von Hohenems die Handschrift C des *Nibelungenliedes* fand[304], wodurch sein Schicksal als ‚deutsche Ilias' (und später als ‚Nationalepos' durch die Romantiker[305]) besiegelt wurde. Denn es war nicht wirklich wichtig, wie genau der Inhalt dieses noch zu findenden Textes aussah; wichtig war, dass er sich instrumentalisieren ließ. Indem Bodmer schon auf die Suche nach einem ‚Epos' ging, in das er seine Absichten und Interpretation hinein projizieren konnte, war der Prozess des Verstehens dieses ‚Epos' schon beendet, bevor das besagte Werk überhaupt gefunden wurde.

In diesem Zusammenhang schrieb der Schweizer Johannes Müller 1786 auch, dass das *Nibelungenlied* „die Teutsche Ilias werden"[306] könnte, wobei er „weniger an die Substanz als an die Wirkung des Werkes"[307] dachte, was sich als sonderbar vorausschauend erweisen sollte. Für die Zwecke der Legitimierung eines neuen deutschen Nationalbewusstseins und des geistigen Widerstandes gegen die französische ‚Überfremdung'[308] schien es ein ideales Werk zu sein, das dazu dienen konnte, die Qualitäten des eigenen Volkes, den sogenannten deutschen ‚Nationalcharakter', am besten darzustellen und zu verbreiten. Zwar wurden Bodmers Ausgabe von 1757, *Chriemhildens Rache und die Klage, zwey Heldengedichte aus dem schwäbischen Zeitpunkte*, kein Erfolg[309], da der Text zu verstümmelt

---

[298] Ebd.
[299] Ebd.
[300] Ebd.
[301] Otfrid Ehrismann, *Das Nibelungenlied*, München 2005, S. 98.
[302] Ebd.
[303] Vgl. Böhler.
[304] Vgl. Mackensen, S. 215.
[305] Vgl. Ehrismann, S. 98.
[306] Bönnen/Gallé, S. 107.
[307] Mackensen, S. 218.
[308] Vgl. Saalfeld, S. 85.
[309] Vgl. Mackensen, S. 116 ff.

war und das Mittelhochdeutsche dem modernen Publikum zu unverständlich, jedoch lieferte seine Suche – und natürlich Obereits Fund – den Anstoß für die Art der Nibelungen-Rezeption, welche die nächsten zwei Jahrhunderte dominieren würde.

Dabei ist die ‚Wiederentdeckung' gerade zu der Zeit, in der man begann, einen identifikationsspendenden Gründungsmythos für Deutschland als Nation zu brauchen, eine Fiktion an sich: Erst durch die aktive Suche nach einem Text, der gar nicht wirklich verschollen war, den man einfach nur aus Mangel an Interesse und wegen seiner fehlenden kulturellen Relevanz jahrhundertelang nicht mehr rezipiert hatte, konnte dieser Text aus der Versenkung geholt, abgestaubt und durch vorprogrammierte semantische Auflademöglichkeit aktualisiert werden. Es war der ideologische Hintergrund, der sinnstiftende Mythos, die Bestätigung einer glorreichen kulturellen Vergangenheit, die diese Suche überhaupt erst ins Leben gerufen hatten, und die ‚Wiederentdeckung' eines Textes, der so lange als mittelalterliches Manuskript in irgendwelchen Regalen schmorte, bis die Zeit gekommen war, in der man ihn benötigte. Der Vergleich zur *Ilias* bleibt auch nur, wie schon bei Bodmer, ein Mittel zum Zweck: Johannes Müller dienten die Nibelungen zur „Erziehung der Nation"[310], für August Wilhelm Schlegel standen sie nebst Shakespeare für das Höchste der Dichtung, und spiegelten „durchaus den deutschen Nationalcharakter"[311] wider- für ihn stand das *Nibelungenlied* sogar über der *Ilias*[312]. Für die Romantiker war das Größte zu wissen, dass endlich nun auch die Deutschen von sich behaupten konnten, einen waschechten Homer zu besitzen.

---

[310] Mackensen., S. 220.
[311] Ebd., S. 221.
[312] Vgl. Ehrismann, S. 98.

4.3. Die Nibelungen als „deutsches Nationalepos":
Die Verselbständigung der nationalen Deutungstradition vom Achtzehnten zum Zwanzigsten Jahrhundert

4.3.1. Die Zeit von 1755 bis 1871: „Heldische" Lektüre als Legitimation von Vaterlandsgefühlen

Der neue Diskurs über die Deutsche Mythologie wurde eifrig von den Nachfolgern Bodmers, Obereits und Herders betrieben: A.W. Schlegel erhob die Nibelungen über die *Ilias*; Jacob Grimm schrieb 1807 „von der Vortrefflichkeit dieses Nationalepos, das in der ganzen modernen Literatur ohne Beispiel ist"[313], und wie stolz er sei, „in Teutschland, ehe noch die französischen Rittergedichte bekannt und nachgeahmt wurden, die Poesie selbständig, und frei von fremden Bestimmungen, in eigenthümlicher Schönheit geblüht"[314]. Hier macht Grimm von Herders Volksbegriff Gebrauch, nach dem die Völker, d.h. die Nationen alle ihren eigenen, zu bewahrenden Charakter besitzen, der in Liedern und Mythologie präserviert ist.

Der Terminus ‚Nationalepos' allerdings ist ambivalent, lässt sich ästhetisch oder politisch[315] anwenden, wo Letzteres im Rahmen der Auflösung des Heiligen Römischen Reiches Deutscher Nation sich anzubieten schien. Von der Hagen z.B. pries 1807 die sogenannten deutschen Tugenden, die seiner Meinung nach so gut von den Figuren des Epos verkörpert würden, und zieht eine direkte Parallele zur aktuellen politischen Situation, wo diese Tugenden den Deutschen als Inspiration gelten sollten. Auch ein paar Jahrzehnte später wurde das *Nibelungenlied* als politisches Nationalepos angepriesen, und zwar von Karl Simrock, der 1870 schrieb, dass *Nibelungenlied* und Walther von der Vogelweide der Jugend nicht früh genug bekannt gemacht werden könnten, denn nichts sei „geeigneter, unser erstorbenes Vaterlandsgefühl wieder ins Leben zu rufen (…). Das ist Feld- und Zeitpoesie, damit kann man Armeen aus der Erde stampfen, wenn es den Verwüstern des Reichs, den gallischen Mordbrennern, der römischen Anmaßung zu wahren gilt"[316].

---

[313] Ehrismann, S. 99.
[314] Ebd.
[315] Vgl. ebd.
[316] Ehrismann, S. 101.

Dabei erscheint der Vergleich zwischen *Ilias* und *Nibelungenlied* sonderbar absurd, denn Erstere besitzt einen eindeutigen nationalen Bezug (der Krieg der Achaier gegen die Trojaner, den gemeinsamen Feind im Osten), während man das vom *Nibelungenlied* mit dem besten Willen nicht behaupten kann[317]. Es geht, wie schon gesagt wurde, nicht so sehr um den eigentlichen Inhalt, d.h. vielmehr den Handlungsablauf des *Nibelungenliedes*, sondern vielmehr um Tugenden, die man in seinen Figuren zu erkennen glaubte, und die man national deuten konnte. Sie wurden zur Urkunde dieser als deutsch begriffenen Charaktereigenschaften, und legitimierten vaterländische Gefühle, die ansonsten wenig Konkretes hatten, was sie hätte unterstützen, was ihnen hätte Glaubwürdigkeit verleihen können. Im Rahmen der französischen Okkupation schien es besonders wichtig, Futter für die „geistige Aufrüstung"[318] zu finden, aber auch später, bis zur Reichsgründung, wurde das *Nibelungenlied* der Platzhalter für das typisch Deutsche, das erstrebenswert Deutsche, was es zu verteidigen und erhalten galt. Diesem Enthusiasmus ließ sich schwer entgehen.

4.3.2. Die Weimarer Republik: Veränderte politische Voraussetzungen für die Nibelungen-Rezeption

Für die ersten paar Jahre nach der schicksalsträchtigen Novemberrevolution von 1918 lässt sich die allgemeine Nibelungen-Rezeption unter einem Stichwort zusammenfassen: Dolchstoßlegende. Am ersten Oktober 1918 wird offiziell die erste Verbindung zwischen der Niederlage und den Nibelungen hergestellt, als Oberst von Thaer Ludendorff mit Siegfried vergleicht[319], insofern dass beide vermeintlich hinterrücks erdolcht worden waren. Jahre später, in 1934 schrieb Paul von Hindenburg, der während des Weltkrieges zwei Jahre lang Chef der Obersten Heeresleitung gewesen war[320], in einem Brief:

> 1919 schrieb ich in meinem Vermächtnis an das deutsche Volk: 'Wir waren am Ende'. Wie Siegfried unter dem Speerwurf des grimmigen Hagen, so stürzte unsere ermattete Front; vergebens hatte sie versucht, aus dem versiegenden Quell der heimatlichen Kraft neues Leben zu trinken.[321]

Hier passiert etwas, was Jacob Grimm für die vorchristliche Urzeit angenommen hatte, direkt im zwanzigsten Jahrhundert: Die Verschmelzung von Mythos und Geschichte. Das deutsche Heer bleibt im kollektiven Verständnis unbesiegt, die toten Soldaten sind

---

[317] Vgl. Joachim Heinzle, *Die Nibelungen: Lied und Sage,* Darmstadt 2005, S. 115.
[318] Ebd., S. 116.
[319] Vgl. Frembs, S. 66.
[320] Vgl. Frembs, S. 66.
[321] Ebd., S. 67.

Helden, denn ihnen ist genau dasselbe passiert wie dem großen Helden aus dem *Nibelungenlied*. Durch dieses Selbstbild können die Deutschen sich weiterhin an dem Glauben festhalten, die Stärkeren gewesen sein, nur um von hinterhältigen Verrätern in diese missliche Lage gebracht zu werden. Hier findet nun auch eine Verschiebung der Rezeption Hagens statt: während des Krieges war er noch der treue, standhafte Held, nun aber das pure Böse, hinterhältig und verräterisch[322]. Da das Verhalten Hagens innerhalb des *Nibelungenliedes* etwas zweideutig ist, fällt es Interpreten niemals schwer, ihn für diese oder jene Ideologie oder Funktion einzubinden. Das Resultat der Interpretation steht schon fest, bevor der Prozess überhaupt begonnen hat.

Wie es bereits nach der deutschen Niederlage zu Zeiten Napoleons geschehen ist, so wird auch jetzt auf als deutsch aufgefasste Tugenden zurückgegriffen, um die nationale Identitätskrise[323] zu überwinden; ganz nach dem Muster von der Hagens in seiner Ausgabe von 1807. Wie auch während der Identitätskrise des neunzehnten Jahrhunderts werden das *Nibelungenlied* und generell das Mittelalter während der Weimarer Republik eifrig rezipiert. Auch die Nibelungentreue wird wieder hochaktuell in den Jahren, in denen es scheint, als wäre Deutschland von feindlichen Mächten umzingelt.

In den zwanziger Jahren erlebt Hagen erneut einen neuen Rezeptionsschub, und zwar unterlässt man es, in ihm den hinterhältigen Bösewicht zu sehen, sondern fokussiert sich erneut auf seine hartnäckige Treue[324], dem Tugendkatalog des Tacitus-Kanons entnommen[325]; eine als extrem erstrebenswerte Tugend angesehene Eigenschaft. Es wird modern, Hagen als Inbegriff der deutschen Seele darzustellen, d.h. treu und unverwüstlich, ganz gleich, wie ungünstig die Umstände auch sein mögen, oder wie schwach der Monarch auch sein mag. Damit konnte man sich allgemein identifizieren: Hagen hatte einen hohen Preis für die Schwäche seines Königs zahlen müssen; dies übertrug man einfach auf die Situation des Heeres und des Kaisers. In dieser Interpretation wird allerdings gerne mal die Tatsache ignoriert, dass es nicht der in seinem Image arg lädierte Gunther ist, der auf unbedingte Treue von Seiten Hagens pocht, sondern dass Letzterer seinen König erst überreden muss[326], Siegfried töten zu lassen.

---

[322] Vgl. ebd., S. 68 ff.
[323] Vgl. ebd., S. 80.
[324] Vgl. ebd., S. 82.
[325] Vgl. Heinzle, *Die Nibelungen*, S. 125.
[326] Vgl. Frembs, S. 83.

Siegfried selbst wird zum Innbegriff des starken, strahlenden Helden, der eher Modell steht für körperliche Eigenschaften, die man den Deutschen bzw. Germanen zusprach, wobei im Falle Hagens hauptsächlich der Charakter als beispielhalt galt. Dieser sogenannte nordische Typ ließ sich wunderbar gebrauchen für die völkisch-nationale Ideologie, z.B. in Hans Grimms subtil betiteltem Opus *Volk Ohne Raum* von 1926, oder Alfred Rosenbergs berüchtigtem ideologischen Werk *Der Mythus des Zwanzigsten Jahrhunderts: Eine Wertung der seelisch-geistigen Gestaltenkämpfe unserer Zeit*. Rosenberg macht auch eifrig Gebrauch von Siegfried als stereotypem Musterknaben dessen, was er „nordisch-germanische Rassenseele"[327] zu nennen beliebt. Außerdem zieht er auch eine historische Linie in die antike, mythische ‚germanische' Vergangenheit bis zum Ersten Weltkrieg, wo natürlich auch Siegfried nicht fehlen darf:

> Es ist mythische Rückerinnerung, wenn heute die Gestalt des Sachsenherzogs Widukind als groß und verwandt mit Martin Luther und Bismarck erscheint; es ist innerste Lebensweisheit und mythisches Neuerleben uralten Wahrheitsgehalts, wenn wir Meister Hildebrand neben Meister Eckehart und Friedrich den Einzigen heranrücken; es ist letztmögliche Grenze unserer seelischen Ausweitung, wenn der Baldur- und Siegfried-Mythus als gleichartig mit dem Wesen des deutschen Soldaten von 1914 erscheint und die neuergründende Welt der Edda nach dem Untergang der alten Götter für uns auch die Wiedergeburt des Deutschtums aus dem heutigen Chaos bedeutet Der weiseste Mensch ist der, dessen persönliche Selbstverwirklichung mit der Lebensdarstellung der Großen germanischen Blutes auf der gleichen Linie liegt. [328]

Mythos, Geschichte, ein diffuses Verständnis von nordisch-heidnischer Religion werden bunt zusammengemischt, verknüpft mit Siegfried, dessen Leben und Tod eine mythische, vorbildliche, für die Deutschen allgemeine Qualität annehmen soll:

> Eine schau des Lebens kann – wie angedeutet – auf vielfache Weise dargestellt werden. Zuerst geschieht es auf mythologisch-mystische Art. Da treten die hellsichtig erfaßten Gesetze der Welt und Gebote der Seele als Persönlichkeiten auf, die ewigen Deutungswert besitzen, solange die Rasse, die sie schuf, noch lebt. Deshalb sind Siegfrieds Leben und Tod ewiges Dasein, deshalb ist die in der Götterdämmerung verkörperte Sehnsucht nach Sühne als anerkannte notwendige Folge eines Vertragsbruchs – d.h. als Sühne nach einem Vergehen gegen die organische innere Wahrheit – ein ewiger Zug germanischen Verantwortungsbewußtseins. Den gleichen Wahrheitsgehalt weisen auch die deutschen Märchen auf, die zeitlos sind und nur auf reife, auferweckte Seelen warten, um neu zu erblühen.[329]

Interessant aber ist die Tatsache, dass schon ein Jahrhundert zuvor einige dieser Termini (ohne die rassistische Komponente), z.B. das Nordisch-Deutsche, schon bei von der

---

[327] Alfred Rosenberg, Der *Mythus des Zwanzigsten Jahrhunderts: Eine Wertung der seelisch-geistigen Gestaltenkämpfe unserer Zeit,* München 1934 (1930), S. 574.
[328] Ebd., S. 685.
[329] Rosenberg., S. 687.

Hagen auftauchen[330], und hier wieder verwendet werden. Das zeigt, wie sehr sich die Rezeption von der Hagens verbreitet und verselbständigt hat, und wie wenig die Popularität der Stereotype von den Nibelungen davon abhängt, und nicht vom eigentlichen *Nibelungenlied*. Textkenntnis ist sekundär gegenüber der Kenntnis der Schlagwörter der frühen, national-orientierten Rezeption.

Rassistische Ideologien werden hier nicht nur durch einen Rückblick auf eine vermeintlich antike, heidnische, gemeinsame Vergangenheit rechtfertigt, sondern auch durch das Mischen von Mythos und Geschichte, welches zwar schon von Herder und später Jacob Grimm als der alten Zeit zugehörigen Qualität angesehen wurde, jedoch ohne den nationalistischen, rassistischen Unterton. So wird das *Nibelungenlied*, aber besonders seine Protagonisten, am Ende der Weimarer Republik für ideologisch-politische Zwecke brauchbar gemacht; erneut müssen Hagen und Siegfried für eine bestimmte Absicht herhalten: diesmal für das Bestimmen der Suprematie der Deutschen über den anderen Völkern.

4.3.3. Kulminierung eines Rezeptionsmythos: Das überspitzte Nibelungen-Pathos im Nationalsozialismus

Wie sich schon zu Ende der Weimarer Republik ankündigte, wurde nach Beginn des Dritten Reiches 1933 Siegfried der Reklameheld der Rassenideologie der Nationalsozialisten. Die „Erforschung des germanischen Wesens"[331] wird intensiv betrieben, und durch Rückgriff auf ein schönes Durcheinander von Historie und Mythologie, auf echte Begebenheiten und zweckmäßig gedeuteter Fiktion soll die Überlegenheit der Arier dargelegt werden, „über eine ‚historische' Linie von diesen Heldensagen bis hin zur Gegenwart will die Ideologie eine germanische Erbstruktur konstruieren, welche die nationalsozialistische Blut-und Bodenkultur legitimieren soll"[332]. Alfred Rosenberg benutzt dafür nicht nur Siegfried, die Nibelungen und die *Edda* im Allgemeinen, sondern auch Homer, um die Suprematie des nordisch-germanischen darzustellen und zu beweisen[333].

Wie es schon lange vorher der Fall gewesen ist, wird es bei der Nibelungen-Rezeption dieser Zeit immer weniger wichtig, das Werk an sich zu kennen, sondern seine Wirkung, denn es wird sich bei der Deutung immer mehr vom Text als solchen entfernt.

---

[330] Hagen, *Die Nibelungen*, S. 36.
[331] Frembs, S.100.
[332] Ebd.
[333] Vgl. Rosenberg, S. 283 ff.

Vielmehr werden Stereotype rezipiert, Ansichten zementiert durch das, was man glaubt, als Aussage im Epos erkannt zu haben, wobei nicht einmal das *Nibelungenlied* allein nur Pate steht, sondern eine bunte Mischung aus mittelhochdeutschem Text, Eddaliedern und Adaptionen dieser verschiedenen Vorlagen, z.B. Wagners *Ring des Nibelungen*. Siegfried wird mit Arminius dem Cherusker gleichgesetzt, um das Ariertum als geschichtliche Tatsache zu belegen. Ein weiterer Aspekt, der zu dieser Zeit immer wieder hervorgekehrt wird, ist das Gefolgschaftswesen, welches „historisch aus dem Mittelalter abgeleitet und zum Weltprinzip deklariert"[334] wird. Diese unbedingte Gefolgschaftstreue, als oberstes Gut verherrlicht, sollte dann nach Ausbruch des Zweiten Weltkrieges unter Beweis gestellt werden.

Die politisch-ideologische, völkisch-nationale Rezeption erreicht in Hinsicht der Verzerrung eines viel gedeuteten, aber kaum gelesenen Textes einen grausigen Höhepunkt in der Stalingradrede Herrmann Görings am 30.011943:

> Und aus all diesen gigantischen Kämpfen ragt nun gleich einem gewaltigen, monumentalen Bau Stalingrad, der Kampf um Stalingrad heraus. Es wird dies einmal der größte Heroenkampf gewesen sein, der sich jemals in unserer Geschichte abgespielt hat. (...) Wir kennen ein gewaltiges, heroisches Lied von einem Kampf ohnegleichen, das hieß „Der Kampf der Nibelungen". Auch sie standen in einer Halle von Feuer und Brand und löschten den Durst mit eigenem Blut- aber kämpften und kämpften bis zum letzten. Ein solcher Kampf tobt heute noch, und jeder Deutsche noch in tausend Jahren muß mit heiligen Schauern das Wort Stalingrad aussprechen und sich erinnern, daß dort Deutschland letzten Endes doch den Stempel zum Endsieg gesetzt hat![335]

Hier wird ganz offen klar, dass die Textkenntnis nicht der ausschlaggebende Faktor ist, sondern alleine die Stereotype, die sich in diesem Zusammenhang benutzen lassen: Göring gelingt es bei seiner Analogie nicht einmal, den Titel des Textes richtig zu sagen. Wichtig ist aber, was er bezweckt: Die Analogie zwischen den eingekesselten Soldaten in Stalingrad und den Burgunden in Etzels brennender Halle gibt der wahren Situation eine mythische, heldenhafte – und schicksalhafte – Qualität, welche die Aussichtslosigkeit verharmlost und vor allem verherrlicht. Auch das Hagenbild passt gut in diese Mentalität: ‚Nibelungentreue' bis zum bitteren Ende, dient er als Vorbild dessen, was die Nationalsozialisten zu jenem Zeitpunkt vom deutschen Volk forderten: Durchhalten auch im Angesicht des sicheren Untergangs.

---

[334] Frembs, S. 102.
[335] Peter Krüger, „Etzels Halle und Stalingrad: Die Rede Görings vom 30.01.1943" in: Heinzle, Joachim/ Klein, Klaus/ Obhof, Ute (Hrsg.), *Die Nibelungen: Sage – Epos – Mythos*, Wiesbaden 2003, S. 395/396.

4.3.4. Post-1945: Distanzierungen von der Rezeptionsgeschichte des *Nibelungenliedes*

Nach dem Zusammenbruch des Dritten Reiches im Mai 1945 wurde, gemeinsam mit allen anderen Arten der völkisch-nationalen Ideologie, jede Art der nationalistischen wissenschaftlichen Rezeption des *Nibelungenliedes* ad acta gelegt. Die Tatsache, dass das *Nibelungenlied* von seinem Inhalt her überhaupt nicht zum ‚Nationalepos' geeignet war, wurde nun besonders bekräftigt, und man versuchte, sich auf werkimmanente Interpretationen zu konzentrieren. Darin wird das *Nibelungenlied* als literarischer Text betrachtet, den man nur aus seinem geschichtlichen Kontext her verstehen könnte, „und der in seiner innertextuellen geographischen, politischen und sozialen Konzeption zu knapp gefaßt sei, um einen im nationalen Kontext repräsentativen Status zu rechtfertigen"[336].

Diese strikte Ablehnung war aber, so wie auch vorher die völkisch-nationale Rezeption selbst, weniger ein Resultat der engeren Beschäftigung mit dem Text, sondern Konsequenz des Zusammenbruchs des deutschen Nationalismus[337]; welcher in seiner Anfangszeit zum Teil mit dem *Nibelungenlied* selber rechtfertigt wurde. Nach 1945 wurde das *Nibelungenlied* zu einem homogenen Text[338] erklärt, seine Entstehungsgeschichte wurde größtenteils ignoriert, und die Forschung nahm generell eine etwas distanzierte Haltung zu dem Text ein, bemühte sich um ahistorische Interpretationen[339]. Auch in der nichtwissenschaftlichen Rezeption des Nibelungenstoffs wurde sich in den folgenden Jahrzehnten verstärkt darum bemüht, ideologiekritisch mit dem Thema umzugehen. Ein frühes Beispiel davon ist Joachim Fernaus Buch *Disteln für Hagen: Bestandaufnahme der deutschen Seele* von 1966. Ziel der Arbeit ist es, so Fernau, die „Heldenattitüde zu ironisieren"[340]. Dabei gelingt es ihm nicht, sich aus den Verstehensmustern zu lösen, die er eigentlich anzuprangern versucht hatte: Am Ende des Buchs kommt er zu dem Schluss, dass die Deutschen sich „nicht von ihrer durch das *Nibelungenlied* mitgeprägten nationalen Identität freimachen"[341] könnten, und sie deswegen akzeptieren müssten.

Dieses Verständnis der identitätsspendenden Macht des *Nibelungenliedes* für die Deutschen hatte man schon im neunzehnten Jahrhundert erlangt; genau das war es, was, in

---

[336] Martin, *Nibelungen-Metamorphosen*, S. 136.
[337] Vgl. ebd.
[338] Vgl. ebd.
[339] Vgl. ebd., S. 183.
[340] Ebd., S. 185.
[341] Ebd.

den Worten von der Hagens, es zu *dem* deutschen Nationalepos machte. Das heißt, dass selbst zu einer Zeit, wo eine nationale Identität das Letzte war, was man mit dem *Nibelungenlied* rechtfertigen wollte, und wo es ein Anliegen der Germanistik war, jeden nationalen Bezug des Textes zu widerlegen, es den Rezipienten nicht gelang, sich von über zweihundert Jahren der patriotisch gesinnten Rezeption zu lösen. Das ‚Nationalepos' war zu sehr verankert in den Köpfen der Deutschen; ob sie es nun wollten oder nicht.

4.4. Friedrich Heinrich von der Hagen und das *Nibelungenlied*

4.4.1. Von der Hagen und die Anfänge der Germanistik

Friedrich Heinrich von Hagen wurde am 19. 02.1780 zu Schmiedeberg in der Uckermark geboren. Schon als Jugendlicher wurde er an epische Poesie herangeführt, las Vergil und Homer, sammelte alle deutschen Gedichte, an die er herankam. Von 1797 bis 1800 studierte er Jura in Halle, besuchte während dieser Zeit aber auch häufig die homerischen Vorlesungen Friedrich August Wolfs; ein Thema, dass ihn schon seit jeher fasziniert hatte. Zwar begann er direkt nach dem Studium in Berlin als Referendar beim Stadtgericht zu arbeiten, verließ aber die juristische Laufbahn schon früh, und widmete sich ab 1807 ganz dem Studium altdeutscher Literatur, besonders inspiriert durch die Vorlesungen August Wilhelm Schlegels im Winter 1803/04, dessen Fokus stark auf dem *Nibelungenlied* lag[342].

Am 21.09.1810[343], drei Jahre nach der Veröffentlichung seiner eigenen *Nibelungenlied*-Ausgabe, wurde von der Hagen an der jungen Berliner Universität außerordentlicher Professor der deutschen Sprache und Literatur, und „führte so das Altdeutsche in den Kreis der Universitätsstudien ein"[344]. Das Echo war durchwachsen, doch trotzdem produzierte von der Hagen eine erstaunliche Menge an Texteditionen und Schriften in seinem Leben, die mehr oder weniger Einfluss auf die noch sehr junge Disziplin der Germanistik hatten. Sein überaus produktives Schaffen wird im Artikel zu seiner Person in der *Allgemeinen Deutschen Biographie*, geschrieben 1879, wird folgend zusammengefasst:

---

[342] Vgl. Alexander Reifferscheid, „Hagen, Friedrich Heinrich von der", in: *Allgemeine Deutsche Biographie* 10 (1879), S. 332-337 [Onlinefassung]; URL: http://www.deutsche-biographie.de/pnd118829130.html (Zugriff 15.03.2011).
[343] Vgl. „Biographie, Friedrich Heinrich von der Hagen", in: *Katalog der wissenschaftlichen Sammlungen der Humboldt-Universität zu Berlin*. Online: http://www.sammlungen.hu-berlin.de/dokumente/16107/ (Zugriff 15.03.2011).
[344] Ebd.

> Hagen's litterarische Production war eine massenhafte und vielseitige. Er war voll origineller Gedanken, hatte ein feines Verständniß für das innerste Leben der Kunst und bis an sein Lebensende einen enthusiastischen Glauben an die Herrlichkeit des deutschen Alterthums. Er zeichnete sich aus durch eine bewunderungswürdige Arbeitskraft, aber leider vermochte er nicht, seine Eigenart den Forderungen exacter Methode anzubequemen und blieb so, als die altdeutschen Studien längst zur Wissenschaft der deutschen Philologie geworden waren, noch immer ein Dilettant. Er begann sein Tagewerk mit der Erneuung und Herstellung des Nibelungenliedes aus Handschriften, zu denen ihm Johannes v. Müller, der erste große Verkündiger des Liedes, verholfen hatte. Diese Arbeit war für ihn in der schmachvollsten Zeit des Vaterlandes eine wahre Herzstärkung und eine hohe Verheißung der Wiederkehr deutscher Weltherrlichkeit.[345]

„Bis 1810 edierte er u.a. eine Sammlung deutscher Volkslieder, die Epen *Herzog Ernst, König Rother, Salman und Morolf, Wigamur*, die höfische Legende *Der heilige Georg*, Volksbücher des 16. Jahrhunderts und das *Nibelungenlied* nach der Fassung der St. Gallener Handschrift"[346]. Von der Hagens ‚Erneuung', die „dem deutschen Gemüthe zum Troste und zur wahrhaften Erbauung dienen sollte"[347], wurde von Freunden des Herausgebens als ein Werk angekündigt, „welches den Blick der ganzen Nation auf sich ziehe und einen wichtigen Wendepunkt in der Litteratur bezeichne (...)"[348]. Den wahren Einfluss, den von der Hagens *Nibelungenlied*-Bearbeitung wirklich hatte lag nicht an seiner ‚Erneuung' des Textes selber, sondern vielmehr an seiner Art der Rezeption, der politischen Aktualisierung, und des von ihm maßgeblich geprägten Schlagwortes des *Nibelungenliedes* als ‚Nationalepos'. Sein lebenslanges Interesse an alter Literatur, seine im Zuge der schwierigen politischen Situation Deutschlands patriotische Gesinnung und auch seine erstaunliche Produktivität im Herausgeben von Texten hat dazu beigetragen, dass die Nibelungen ihren Weg von einem Text für Gelehrte in das kollektive Bewusstsein der Deutschen gemacht haben.

> Eine auf keiner bisherigen Deutschen Universität gewesene Professur ist die, des Professors von der Hagen, der Vorlesungen über die Geschichte der älteren Deutschen Poesie, überhaupt und insonderheit über das Nibelungen-Lied in der Ursprache grammatisch und antiquarisch halten wird.[349]

So wurde 1811 der Beginn der universitären Germanistik in der Berliner Zeitschrift *Minerva* kommentiert. Gegen große Widerstände war es von der Hagen gelungen, sich durchzusetzen und der Lehrstuhl für Deutsche Altertumskunde wurde eingerichtet, und er zum außerordentlichen Professor (mit minimalem Gehalt[350]) berufen. Bis dato hatte der

---

[345] Reifferscheid.
[346] „Friedrich Heinrich von der Hagen", in: *Anfänge der Germanistik*. Online: http://www.uni-due.de/einladung/Vorlesungen/gegenstand/vdHagen.htm (Zugriff: 15.03.2011).
[347] Reifferscheid.
[348] Ebd.
[349] Gallé, *Geburtsstunde der Germanistik*.
[350] Vgl. „Friedrich Heinrich von der Hagen", in: *Anfänge der Germanistik*.

Fokus auf der klassischen Philologie gelegen, aus dessen Vorherrschaft sich die Deutsche nun herauskämpfen musste[351]. Die Germanistik entstand in einer emotional stark aufgeladenen Atmosphäre, als Deutschland noch immer unter der Niederlage gegen Napoleon zu leiden hatte, und patriotisches Gedankengut allgegenwärtig war. Die literarische Überlieferung epischer Poesie nahm zu diesem Zeitpunkt noch eine ebenso wichtige Rolle ein wie die Textedition selbst, was sich ab 1820 ändern sollte, als wissenschaftliche Methoden gegen die „didaktisch-pragmatischen"[352] von der „Gründergeneration"[353] um von der Hagen sich durchsetzten. Es setzte sich die Erforschung des Textes gegen den Wunsch der „moralische[n] Besserung der Leser"[354] durch.

Im Folgenden soll dargelegt werden, was die Ziele von der Hagens *Nibelungenlied*-‚Erneuung' waren, wie er sie angegangen ist, und was für ein Echo er gefunden hat; in der wissenschaftlichen sowie in der nicht-akademischen Welt. Um die Bedeutsamkeit seines Werks und die Tragweite seiner Rezeption zu verstehen, ist es wichtig, die „Implikationen seiner kultur- und wissenschaftspolitischen Bestrebungen"[355] offenzulegen, und inwiefern seine Motive am Ende für die Rezeptionsgeschichte des *Nibelungenliedes* wichtiger waren, als was er tatsächlich mit dem mittelhochdeutschen Text getan hat.

4.4.2. Die „Erneuung" von der Hagens: Methoden, Absichten und Ziele seiner Nibelungen-Überarbeitungen

> Wie man zu des Tacitus Zeiten die Altrömische Sprache der Republik wieder hervor zu rufen strebte: so ist auch jetzt, mitten unter den zerreißendsten Stürmen, in Deutschland die Liebe zu der Sprache und den Werken unserer ehrenfesten Altvordern rege und thätig, und es scheint, als suche man in der Vergangenheit und Dichtung, was in der Gegenwart schmerzlich untergeht. Es ist aber dies tröstliche Streben noch allein die lebendige Urkunde des unvertilgbaren Deutschen Karakters, der über alle Dienstbarkeit erhaben, jede fremde Feßel über kurz oder lang immer wieder zerbricht, und dadurch nur belehrt und geläutert, seine angestammte Natur und Freiheit wieder ergreift[356].

Schon am Anfang seines Vorworts zu seiner Ausgabe des *Nibelungenliedes* von 1807 zieht von der Hagen sofort die Parallele zwischen dem mittelalterlichen Text und der aktuellen politischen Situation. Die Lage war desolat, und das Deutsche Reich besiegt.

---

[351] Vgl. Gallé, *Geburtsstunde der Germanistik*.
[352] Ebd.
[353] Ebd.
[354] Ebd.
[355] Eckhard Grunewald, *Friedrich Heinrich von der Hagen: 1780-1856; ein Beitrag zur Frühgeschichte der Germanistik*, Berlin 1988 (Studia Linguistica Germanica 23), S. 7.
[356] Hagen, *Der Nibelungen Lied*, o.S.

Deutsches Nationalbewusstsein war nicht wirklich gefestigt, und zwar war von der Hagen nicht der Erste, der das *Nibelungenlied* zur Bekräftigung patriotischer Gefühle benutzt hat, aber er hat ihm eine politische Komponente gegeben, wo früher nur ästhetische Aspekte die Rezeption bestimmt hatten.

Seine Absicht ist ganz klar und unverhohlen, der rote Faden, den er zwischen den Deutschen seiner Zeit und denen der vermeintlich gemeinsamen Vergangenheit zieht, unverkennbar. Der „unsterbliche alte Heldengesang"[357], der zum „Trost und zur wahrhaften Erbauung"[358] dienen soll, sei das „erhabenste und vollkommenste Denkmal einer so lange verdunkelten Nazionalpoesie"[359]. Er liefert auch gleich einen kompletten Tugendkatalog, den er von den Figuren des Epos direkt auf seine zeitgenössischen Landsleute überträgt; eine kondensierte Version dessen, was noch über hundert Jahre später die Rezeption prägen (nämlich die Abwendung von der Handlung und das Fokussieren auf dort vermeintlich vorkommende Stereotype), und was man nach 1945 vehement zu leugnen versuchen wird:

> Kein anderes Lied mag ein vaterländisches Herz so rühren und ergreifen, so ergötzen und stärken, als dieses, worin die wunderbaren Mährchen der Kindheit wiederkommen und ihre dunkelen Erinnerungen und Ahnungen nachklingen, worin dem Jünglinge die Schönheit und Anmuth jugendlicher Heldengestalten, kühner, ritterlicher Scherz, Übermuth, Stolz und Trutz, männliche und minnigliche Jungfrauen in des Frühlings und des Schmuckes Pracht, holde Zucht, einfache, fromme und freundliche Sitte, zarte Scheu und Schaam, und liebliches, wonniges Minnespiel, und über alles eine unvergeßliche, ewige Liebe sich darstellen, und worin endlich ein durch dieselbe graunvolle zusammengeschlungenes Verhängniß eine andere zarte Liebe in der Blüthe zerstöhrt und alles unaufhaltsam in den Untergang reißt, aber eben in diesem Sturze die herrlichsten männlichen Tugenden offenbart: Gastlichkeit, Biederkeit, Redlichkeit, Treue und Freundschaft bis in den Tod, Menschlichkeit, Milde und Großmuth in des Kampfes Noth, Heldensinn, unerschütterlichen Standmuth, übermenschliche Tapferkeit, Kühnheit, und willige Opferung für Ehre, Pflicht und Recht; Tugenden, die in der Verschlingung mit den wilden Leidenschaften und düstern Gewalten der Rache, der Zornes, des Grimmes, der Wuth und der grausen Todeslust nur noch glänzender und mannichfaltiger erscheinen, und uns, zwar trauernd und klagend, doch auch getröstet und gestärkt zurücklaßen, uns mit Ergebung in das Unabwendliche, doch zugleich mit Muth zu Wort und That, mit Stolz und Vertrauen auf Vaterland und Volk, mit Hoffnung auf dereinstige Wiederkehr Deutscher Glorie und Weltherrlichkeit erfüllen[360].

Für von der Hagen, der im der ‚Erneuung' folgenden Kommentar feststellt, dass besonders in Deutschland die „Poesie fast aller Zeiten und Völker also erkannt und verarbeitet

---

[357] Ebd.
[358] Ebd.
[359] Ebd.
[360] Hagen, *Der Nibelungen Lied*, o.S.

worden"[361] ist, ist es ein Zeichen der Zeit, dass die Deutschen sich wieder auf ihre eigene Sprache und „Nazionalpoesie"[362] besinnen. In seinen Augen ist in anderen Ländern, insbesondere Spanien, Frankreich und England, das goldene literarische Zeitalter vorbei, und seitdem haben sie nichts Großes mehr auf diesem Gebiet zustande gebracht[363]. Was ihn dazu führt, erneut zu erläutern, was er unter dem Nationalcharakter der Deutschen versteht, und gleichzeitig die einheimische Literatur zu erheben:

> Ganz anders aber geschah und verhält es sich in Deutschland. Durch jenen eigenthümlichen Kakater, ist der Deutsche, nachdem er fast alle goldenen Zeitalter mit durchgemacht, und besonders lange an dem Französischen gekränkt hat, auch neuerdings wieder besonders mit ächt historischem und poetischem Geist auf die eigenen, so lange verborgenen oder verkannten, alten Schätze zurückgekommen, hat sie rüstig wieder angebrochen und zu Tage gefördert, wobei nur eher Erschöpfung der Arbeiter, als des Reichthums zu fürchten ist. Keines der Europäischen Völker hat, wie keine so uralte und reiche Nazionalpoesie, auch so viel für diese, wie auch für die Wälsche übertragene, gethan und sie so lebendig verarbeitet, als die Deutschen.[364]

Es ist die echte Gestalt, das Originale, Ursprüngliche, was ihn an den alten Zeugnissen deutscher Literatur reizt, und eine reine Übersetzung, die die lyrische Form verändern könnte, lehnt er ab, besonders im Fall des *Nibelungenliedes*, welches er für vollkommen in seiner Form befindet, und welches er für eine „Ur- und Stammsage, (...) aus Deutschem Boden (...) hervorgequollen"[365] hält; diese muss als solche auch bewahrt werden. So geht er auch seine ‚Erneuung' an, indem die Originalität des Textes bewahrt werden, aber auch gleichzeitig lesbar und verständlich gemacht werden soll, „kurz, eine genaue und getreue Übertragung deßelben aus der Sprache und Mundart jener Zeit in die jetzt lebende, mit aller, so wenig als möglich beschränkten, Freiheit der Form, jedoch mit Beachtung und Darstellung der darin zugleich liegenden regelmäßig"[366], auch wenn ihm klar ist, dass er es nicht allen wird recht machen können[367]. Es ist die „Darstellung des Ganzen, in seinem wahren Gehalt und Form"[368], die ihm am Herzen liegt, und gleichzeitig eine „Erhaltung des Alterthümlichen überhaupt"[369].

Mittelpunkt des Interesses von der Hagens ist kein absolut einfach zu verstehender Text, sondern ihm ist es wichtig, das *Nibelungenlied* ausreichend zu würdigen und, kurz

---

[361] Ebd., S. 471.
[362] Ebd.
[363] Vgl. ebd., S. 472 ff.
[364] Ebd., S. 475.
[365] Friedrich Heinrich von der Hagen, *Die Edda-Lieder von den Nibelungen*, Breslau 1814, S. 1.
[366] Hagen, *Der Nibelungen Lied*, S. 489.
[367] Vgl. ebd., S. 493.
[368] Ebd., S. 497.
[369] Ebd., S. 499.

gesagt, an den Mann zu bringen, denn seiner Meinung nach war dem Epos bisher die nötige Ehrwürdigung verwehrt geblieben, diesem, wie er Goethe schreibt, „Heldenbuch[…]", das „kostbarste[…] und eigenthümlichste[…] Erbe[…] unserer Väter"[370]. Der Leser wird dann erst wichtig, als es darum geht, festzulegen, wie weit die ‚Erneuung' und Modernisierung des Textes gehen soll[371]. Hier eine kurze Gegenüberstellung der Verse 5838-58[40] der Eunomia-Probe der Edition Myllers und von der Hagens:

> 5838 Da rit von Trony Hagene zu aller vorderost. [Hagen 1805]
> Do reit von trony hagene zaller vorderost [Myller 1782]
>
> 5839 Er war den Nibelungen ein helflicher Trost.
> Er was den niblungen ein helflicher trost.
>
> 5840 Da stunde der Degen kühne nieder auf den Sand.
> De [!] erbeizte der degen küne nieder uf den sant. [372]

Von der Hagen modernisiert das Lautbild etwas und adaptiert die Syntax, lässt aber das „Alterthümliche und Urkundliche"[373] des Liedes so weit stehen, wie es ihm möglich erscheint. Worauf es ihm ankommt ist nicht eine wissenschaftlich akkurate Textedition, in der es um den Text an sich geht, sondern vielmehr um die Wirkung, die das Lied hervorrufen könnte, seine Vorbildfunktion; seine vermeintliche Fähigkeit, patriotischem Gedankengut zur Grundlage zu dienen und es zu bekräftigen in einer schweren Zeit. Es ist die Nation, an die er denkt, und für diesen Gedanken steht das Lied, seine Figuren und die in ihm gesehenen, deutschen Tugenden:

> Das Werk gehört der Nation, - die doch immer noch in einigen großen Stellvertretern lebt, oder vielmehr in diesen erst wieder erstanden ist – nicht einem Einzelnen an; und ich will gern dahinter verschwinden: denn nur der Ruhm des Vaterlandes ist mein Ziel.[374]

4.4.3. Das „Nationalepos" als „Buch für das Volk": Das *Nibelungenlied* als Katalysator vaterländischer Gefühle

Da den Deutschen als Nation ein positiver Gründungsmythos fehlte, sie aber im Rahmen des aufkommenden Nationalbewusstseins identitätsstiftende Leitbilder benötigten, mussten sie sich welche erschaffen, und zwar Identifikationsmuster, die „für alle

---

[370] Friedrich Heinrich von der Hagen, *Der Helden Buch*, Berlin 1811, o.S.
[371] Vgl. Grunewald, S. 40.
[372] Ebd., S. 41.
[373] Ebd., S. 43.
[374] Hagen, *Der Nibelungen Lied*, S. 496.

sozialen und politischen Gruppierungen"[375] bindend sein konnten. Diese Ideale mussten in der fernen Vergangenheit gesucht werden, wo sich am besten die Zeit der Völkerwanderung, der heroischen Germanen, zu eignen schien. Ästhetische Theorien über das Homerische des *Nibelungenliedes* gab es schon seit seiner ‚Wiederentdeckung' im Jahre 1755, aber es war von der Hagen, der das Lied als erster komplett politisierte[376].

So wie Fichte, mit dem von der Hagen sich stark identifizieren konnte, wollte er seine Mitbürger moralisch mobilisieren. Durch Rückgriff auf einen alten Text, der schon durch Schlegel als ‚*Ilias* des Nordens' bezeichnet worden war, wollte von der Hagen deutsche Tugenden hervorheben: „Über die nibelungischen Tugenden soll die Bereitschaft für Krieg und Tod, für die Verteidigung des Vaterlandes geweckt und gestärkt werden"[377]. Es war ihm wichtig zu beweisen, „daß das Wiederaufleben der Nibelungen nicht eine Sache der Mode und des Zufalls [sei], sondern der Ehre und Nothwendigkeit (...)"[378]. Auch Termini wie „Volks- und Heldenlied"[379], mit denen er seine ganze Laufbahn lang das *Nibelungenlied* betitelte, dienten dazu, dem Text eine Volksnähe zu verleihen, die vollkommen konstruiert war. Das Lied wurde zum Platzhalter für einen identifikationsspendenden Mythos, etwas, was alle Deutsche verband, und deren Eigenschaften es darlegte, was sich in dem Lied so nicht finden lässt. Diese Rolle, die der Text nun spielt, wurde ihm zugesprochen, und ist an ihm haften geblieben. Was genau in dem Lied nun steht, ob es eine Aussage hat oder nicht, ist in diesem Kontext vollkommen irrelevant.

Das ‚deutsche Nationalepos' – ein Begriff, der durch von der Hagen selbst geprägt worden war – gewann in den Jahren darauf mehr und mehr an Popularität. Es war nicht wirklich der eigentliche Text, der gelesen wurde, sondern bekannt wurde das, was er während der Zeit der französischen Okkupation hatte bewirken sollen: einen Aufruf zu patriotischen Anwandlungen. Das Lied, oder besser seine Reputation, gewann, wie Goethe es nannte, „einen eigentlichen National-Anteil"[380]; die nationale Rezeption des Liedes war nun nicht mehr ästhetisch, sondern politisch konnotiert. Es war nun endgültig ein Instrument, welches als Katalysator vaterländischer Gefühle fungierte.

---

[375] Ehrismann, *Nibelungenlied und Nationalgedanke*, S. 942.
[376] Vgl. ebd., S. 951.
[377] Ebd., S. 952.
[378] Reifferscheid.
[379] Beta, S. iv.
[380] Ehrismann, *Nibelungenlied und Nationalgedanke*, S. 953.

4.4.4. Von der Hagens Kritik an Bodmer

Da von der Hagen nicht der erste war, der versucht hatte, eine moderne (oder wenigstens modernisierte), d.h. auf das Publikum seiner Tage adaptierte Version des *Nibelungenliedes* herauszugeben, hatte er auch dementsprechend Ansichten darüber, was frühere Bearbeiter – besonders Bodmer – hätten besser machen können. Über den „sonst um die Altdeutsche Literatur so mannichfaltig verdiente[n]"[381] Bodmer und seine zerstückelte, gescheiterte Edition schreibt er:

> Nicht von der Vollkommenheit des Ganzen, als solchen, überzeugt, sondern es nur mit dem Geiste jener Zeit entschuldigend, die nicht eine reine und vollkommene Epopöe, sondern nur eine Biographie, - von der Geburt bis zum Tode des Helden – entstellt durch das Abentheuerliche und falsche Wunderbare, hervorbringen mochte, gab er auch nur die letzte, als die davon am meisten freie und selbständige Hälfe deßelben heraus, und bemerkte dabei, daß, um die erforderliche Einheit der Handlung in dem Ganzen hervorzubringen, der Dichter die vordere Hälfte Chriemhildes einer Vertrauten an Etzels Hofe (...) in derselben Ausführlichkeit, zum Theil bei der Nachricht von der Ankunft ihrer Brüder, zum Theil nach den ersten Ausbrüchen ihrer Rache, hätte können erzählen laßen; und daß er (Bodmer) mit demselben Rechte dies vorhergehende weggeschnitten, wie Homer die Entführung der Helena, die Opferung der Iphigenia und alles, was in den zehn Jahren vor dem Zwist des Agamemnon und Achilles geschehen, übergehe und sich als bekannt darauf beziehe.[382]

Obwohl ihm die Vorgehensweise Bodmers nicht gefällt – der Stil sei holprig und die Wortwahl mal zu altertümlich, mal zu modern[383] - , entschuldigt er diese mit dem Zeitgeist, aus dem Bodmer agierte, und auch mit Rücksicht auf seine epische Theorie. Er bemerkt allerdings auch, dass das letzte Stück, welches Bodmer als Edition herausgebracht hat, von der Handlung her alleine stehen könnte, was es einst seiner Ansicht nach wahrscheinlich einst auch getan hatte, „ehe es zu einem so engen und innigen Ganzen vereinigt wurde, als das Lied der Nibelungen doch in der That, und noch mehr ist, als Homer"[384].

4.4.5. Von der Hagens „Erneuung" und die Kritiker

1911 stellte Josef Körner fest, dass während jeder Gymnasiast den Namen Karl Lachmanns kenne, „wisse kaum der gelehrte Philologe Hagens Verdienste gerecht einzuschätzen"[385]. Schon ab 1820 begann Lachmanns Methode der Textkritik sich gegen von der

---

[381] Hagen, *Der Nibelungen Lied*, o.S.
[382] Hagen, *Der Nibelungen Lied*, S. 480.
[383] Vgl. ebd., S. 481 ff.
[384] Ebd., S. 481.
[385] Grunewald, S. 1.

Hagens lockerere Editionen, die eher die vermeintliche Aussage eines Werkes als den Text an sich in den Mittelpunkt rückten, durchzusetzen. Textausgaben der *Minnesinger* (1838) und des *Gesammtabenteuers* (1850) wurden zwar noch immer verlegt, aber ansonsten wurde der Mitbegründer der Universitätsgermanistik ins Abseits der germanischen Philologie gedrängt. 1865 fällte Wilhelm Scherer folgendes Urteil:

> Friedrich Heinrich von der Hagen ist das Urbild der heutigen altdeutschen Philologen für's große Publikum (...). Ein literarischer Geschäftsmann im Großen, aber ohne den Fanatismus seines Gewerbes, und deshalb weniger bösartig. Er hatte die Sorte von Fleiß welche ein Vielleserei und Vielgeschäftigkeit sich äußert. Er hatte die Sorte von Kenntnissen welche durch Vielleserei und Vielgeschäftigkeit erworben wird. Er war kein treuer Arbeiter im Kleinen und Einzelnen. Er war ein höchst ungetreuer Genoß im Ganzen der Wissenschaft: die bedeutendsten Resultate die neben ihm von Anderen gewonnen wurden affectierte er bis an sein Ende nicht zu kennen oder dünkte sich groß genug sie nicht beachten zu dürfen. Er war äußerst fruchtbar an Uebersetzungen und Bearbeitungen aller Art, und ging darin selbst über den Kreis der germanischen Literatur hinaus: den arabischen Märchen ließ er ebensowohl seine Oberflächlichkeit und Sorglosigkeit zu gute kommen wie dem Nibelungenliede (...). So hat er denn in der Wissenschaft keine anderen Spuren zurückgelassen, als welche sich noch Niemand die leiche Mühe gab zu verwischen.[386]

Diese Vorwürfe – der „Ungeduld, Ungenauigkeit, Unredlichkeit und Unbelehrbarkeit"[387] – wurden schon kurz nach Veröffentlichung von *Der Nibelungen Lied* 1807 laut. Wie schon sein Biograph Alexander Reifferscheid in dem ADB-Artikel 1879 feststellte:

> H. hat das hohe Verdienst, eine große Reihe werthvoller Denkmäler unserer alten Litteratur der wissenschaftlichen Forschung zugänglich gemacht zu haben. Wir staunen über den ungeheuren Fleiß und den rastlosen Eifer, den er sein ganzes langes Leben hindurch bethätigt hat, und bedauern, daß er nicht von seinen wissenschaftlichen Mitforschern lernen wollte und so durch seine eigene Schuld das Andenken an seine wahren großen Verdienste getrübt worden ist.[388]

Sein Arbeitseifer wurde ihm von niemandem abgesprochen; allerdings sahen diesen nicht viele der anderen Intellektuellen als nachahmungswürdig an. Es war seine methodische Oberflächlichkeit, welche ihm die meiste Kritik von seinen Zeitgenossen einbrachte. Die härtesten Kritiker waren die Brüder Grimm, Görres und Lachmann:

> W. Grimm (1810): „Hagen hat eine gewisse Noth alles geschwind ans Licht zu bringen, als könnte es ihm genommen werden, oder als werde damit etwas nun abgethan, welches die Lust eines ruhigen Studiums ganz aufheben muß."
> W. Grimm (1810): „Es ist überhaupt eigen an ihm, wie er mit vielen Scharfsinn für das einzelne, mit einem recht breiten Wissen oft eine todte Ansicht für das Ganze hat."

---

[386] Grunewald, S. 1.
[387] Ebd., S. 2.
[388] Reifferscheid.

Görres (1812): „(...) es ist eine wahre Besessenheit in dem Menschen herauszugeben. Gäbe er nur erst einmal eine verbesserte Auflage von sich selbst heraus."
Lachmann (1820): „Überall scheint ihn das eigentlich Philologische zu langweilen, und doch kann es der eitle nicht aufgeben. An Kenntniß und Eifer fehlts ihm nicht, aber an Ehrlichkeit (...)."
Wilhelm Grimm (1827): „Was mir an ihm widersteht, ist die Art und Weise wie er es (das Edieren) betreibt, sein Mangel an eigentlich wissenschaftlichem Geist, diese verwünschte Fabrikarbeit, die mir ekelhaft seyn würde, wenn sie noch zehnmal besser wäre."
J. Grimm (1856): „Hagen hat sein lebenlang fleißig und eifrig, oft (...) oberflächlich und immer vorlaut und großsprecherisch, nie bescheiden gearbeitet, so daß er sich sein Lob selbst im voraus weggenommen hat."[389]

Jacob Grimm war der Erste, der dem Unterfangen der ‚Erneuung' skeptisch gegenüberstand. 1807 schrieb er im *Literarischen Anzeiger*:

> hier ist zu bemerken, einmal, daß eine solche accomodation nicht mit consequenz durchgeführ werden kann, (man sieht, wie schwankend die regeln sind, die er sich aufstellt) schon wegen der reime, es bleibt allzeit ein zerstörender contrast zwischen den alten und neuen ausdrücken; hernach aber, daß, wenn es auch dem richtigen gefühl des dichters gelungen wäre, sich durch alle schwierigkeiten hindurch zu arbeiten, immer noch gefragt werden kann, was ist damit gewonnen? das original übertroffen zu haben, wird er sich ohnehin nicht einbilden, und am ende hätte er nur denen, die zu träg waren, das original zu lesen, einige mühe erspart.[390]

Grimms Ansicht zufolge könne es für die ‚Erneuung' nicht wirklich ein Publikum geben:

> Daher glauben wir, dass uns ein Recht zusteht auf die Frage: für wen diese Bearbeitung bestimmt sei? Da der Verf. selbst nicht glauben wird, dass sie besser sei als das Original, für diejenigen nicht, welche dieses lesen können. Für die übrigen auch nicht, denn diesen ist es immer noch unverständlich, theils der ungewöhnlichen Wortstellung, theils einer Menge dunkler und veralteter Worte wegen, so dass sie bald abgeschreckt wurden und nicht weiter lesen (...). Streng demnach genommen (...), und wir glauben damit einen grossen Tadel auszusprechen, hat das Buch kein Publicum.[391]

Ein paar Jahrzehnte später, 1851, kommentierte Karl Lachmann im Vorwort zu seiner eigenen *Nibelungenlied*-Edition u.a. von der Hagens Bemühungen nicht weniger ungnädig:

> Das gedicht von den Nibelungen ist nach der handschrift die es am wenigsten überarbeitet giebt, nur zu zwei dritteln, weder sorgfältig genug noch mit kritischer nachhilfe, in C.H. Müllers sammlung (1782) herausgegeben: das letzte drittel und die klage sind in ihrer ältesten gestalt bisher ungedruckt. die ausgabe des freiherrn Joseph von Lassberg (1821) giebt die einzige zugleich alte und sorgfältige handschrift wieder, deren text indess auf der willkür eines nicht ungeschickten verbesserers beruht. die übrigen drucke

---

[389] Grunewald, S. 3.
[390] Grunewald, S. 45.
[391] Ebd., S. 57.

[gemeint sind die von J.J. Bodmer 1757 und F.H. von der Hagen 1810] sind ihrer unzuverlässigkeit wegen unnütz für jeden gebrauch wobei es auch genauigkeit ankommt. unter diesen umständen schien eine neue ausgabe nicht überflüssig.[392]

Von der Hagen, mit Recht ungehalten über die Beurteilungen der Brüder Grimm, schrieb 1809 in einem Brief an Johannes von Müller: „Ein gewisser Grimm [gemeint ist in diesem Falle Wilhelm], ich glaube zu Kassel, hat kürzlich in den Heidelberger Jahrbüchern angefangen meine Nibelungen sehr schnöde anzulassen; ich werde ihm gelegentlich das Maul stopfen."[393]. Unter einem texteditorischen Standpunkt traf die Kritik zu, da von der Hagens ‚Erneuung' halbwegs zwischen einer Edition und einer Übersetzung[394] steckenbleibt. Die Kritik war aber im selben Maße verfehlt, denn es ging von der Hagen gar nicht um eine kritische Textausgabe oder eine komplette Übersetzung (die er strikt ablehnte), sondern einfach eine teilfache Modernisierung des mittelhochdeutschen Originals; eine Modernisierung, die nur so weit gehen sollte, dass sie modernen Lesern verständlich wurde, wobei der Text so unverändert bleiben sollte, wie möglich. Was von der Hagen erreichen wollte war eine Popularisierung des *Nibelungenliedes* und dabei der Charaktereigenschaften, die er bei den Figuren des Epos wahrnahm und auf seine zeitgenössischen Landsleute übertrug. In einer Zeit der Fremdbesetzung wollte er einen eigenen Beitrag zur Entstehung und Verbreitung nationaler Identität leisten, und das *Nibelungenlied* diente ihm als handfester Beweis, als uralte Grundlage, als Rechtfertigung dieser Gefühle. Es war die moralische Wirkung, die er anstrebte, und nicht die Korrektheit einer wissenschaftlichen Textedition.

Lachmanns akribische Methode setzte sich durch, während von der Hagens Art der Textbearbeitung ziemlich schnell aus der Mode kam. Körner, der den Mangel an wissenschaftlicher Kompetenz von der Hagens nicht leugnete, schätzte seine Leistung aber durchaus positiv ein: „Allein eine gerecht abwägende Nachwelt wird ihm das Verdienst nicht absprechen können, den Garten bestellt zu haben, dessen Bäume erst die Brüder Grimm und Karl Lachmann veredelten"[395]. Er geht noch weiter: „wer weiß, ob Lachmann seine kritische Arbeit so gut geleistet hätte, wäre er nicht durch die Versuche gleichwie durch die Irrtümer seines Rivalen auf die rechte Bahn gewiesen worden"[396]. Auch elf Jahre später wird von der Hagens Verdienst positiver beurteilt als durch seine Zeitgenossen: 1922

---

[392] Karl Lachmann [Hrsg.], *Der Nibelungen Noth und die Klage. Nach der ältesten Überlieferung. Mit Bezeichnung des Unechten und mit den Abweichungen der gemeinen Lesart*, Berlin 1851, S. v.
[393] Gallé, *Geburtsstunde der Germanistik*.
[394] Vgl. Ebd.
[395] Grunewald., S. 5.
[396] Ebd.

fokussierte Helmuth Assmann sich in seiner Dissertation über von der Hagen auf die „preußisch-patriotischen Züge des Autors"[397].

In den späteren Jahrzehnten des zwanzigsten Jahrhunderts ist genau dieser Aspekt, der in den Studien über von der Hagen in den Mittelpunkt gerät: Seine Rolle als Begründer der Germanistik an den Universitäten, aber am stärksten sein Einfluss auf die national orientierte Rezeption des *Nibelungenliedes*, und seine Position als „Beispielfigur des Popularisators"[398]. Es ist der Grund dafür, warum im kollektiven Bewusstsein der Deutschen bis heute die Rezeptions- und Wirkungsgeschichte des *Nibelungenliedes* einen relativ hohen Bekanntheitsgrad haben, aber der mittelhochdeutsche Text selber nicht. Was geblieben ist sind nicht seine Versuche, ein mittelalterliches Epos lesbarer zu machen, sondern seine kulturpolitischen Ambitionen. Es ist das ‚Nationalepos', die ‚deutschen Tugenden', und der ‚Nordisch-Deutscher Mythus', die ihren Weg in das allgemeine Verständnis über das *Nibelungenlied* gemacht haben, und die, selbst nach dem Zusammenbruch des deutschen Nationalismus, sich immer noch in der Rezeption des Stoffes hält. Spuren dessen lassen sich in der akademischen und nicht-wissenschaftlichen Rezeption finden, was im nächsten Abschnitt dargelegt werden soll.

---

[397] Ebd., S. 5.
[398] Ebd., S. 7.

5. Der „Nibelungen-Stoff" und die nicht-wissenschaftliche Rezeption versus *Nibelungenlied* und akademische Rezeption

Seit seiner ‚Wiederentdeckung' 1755 ist das *Nibelungenlied*, oder besser der Nibelungenstoff, unter verschiedenen ideologischen, ästhetischen und politischen Gesichtspunkten rezipiert worden, im akademischen wie im populären und populärwissenschaftlichen Bereich. Besonders bei nicht-wissenschaftlichen Adaptionen des Stoffes finden sich Spuren der durch von der Hagen maßgeblich geprägten nationalen Rezeption, aber auch in der akademischen, auch nach 1945, und sei es auch nur, weil man versuchte, sich genau davon loszusagen. Im folgenden Abschnitt soll genau das dargelegt werden, zuerst mit einigen Beispielen aus Literatur und Film, und dann abschließend durch einen Blick auf die wissenschaftliche Nibelungen-Rezeption nach 1945, die sich trotz allen Versuchen nicht komplett von der Rezeptions- und Wirkungsgeschichte seines Forschungsobjekt lösen konnte.

5.1 Populäre Kultur und die Nibelungen: Beispiele der Rezeption in Musik, Literatur und Film

5.1.1. Friedrich Hebbels „Nibelungen-Trilogie"

Friedrich Hebbel, am 18.03.1813 geboren, fühlte sich schon als Jugendlicher zum Dichter berufen. Aufgrund verschiedener Faktoren, u.a. finanzielle Not, dauerte es aber lange, bis er sich mit dem – ihm schon seit lange bekanntem – Nibelungenstoff auseinandersetzte[399]. Zusammen mit Wagner war Hebbel einer der vielen Künstler, die sich im Rahmen des neuen deutschen Nationalbewusstseins auf die ferne, als deutsch empfundene Vergangenheit besann. Es sind, außer Hebbels und Wagners Werken, aus der Zeit keine übrig, welche tatsächlich in die Geschichte eingegangen sind[400].

---

[399] Vgl. Gernot Schnellbacher, „'Die Nibelungen' in Hebbels Briefen", in: *Die Nibelungenlied-Gesellschaft*. Online: http://www.nibelungenlied-gesellschaft.de/03_beitrag/schnellb/fs05_schn.html (Zugriff 25.05.2011).
[400] Vgl. Erwin Martin, „Die Nibelungen von Friedrich Hebbel- ein deutsches Trauerspiel", in: *Die Nibelungenlied-Gesellschaft*. Online: http://www.nibelungenliedgesellschaft.de/03_beitrag/martin/martin.html (Zugriff: 10.02.2011).

Hebbel legt die Absicht, die sich hinter dem Verfassen des Stückes befand, im Vorwort offen dar, und macht darin Gebrauch nicht nur von national orientierter Terminologie, sondern ebenfalls von von der Hagens Schlagwort des ‚Nationalepos':

> Der Zweck dieses Trauerspiels war, den dramatischen Schatz des Nibelungen-Liedes für die reale Bühne flüssig zu machen, nicht aber den poetisch-mythischen Gehalt des weit gesteckten altnordischen Sagen- Kreises, dem es selbst angehört, zu ergründen, oder gar, wie es schon zum voraus auf eine jugendliche, vor bald zwei Dezennien publizierte und überdies noch arg gemißdeutete Vorrede hin in einer Literatur- Geschichte prophezeit wurde, irgend ein modernes Lebens-Problem zu illustrieren. Die Grenze war leicht zu treffen und kaum zu verfehlen, denn der gewaltige Schöpfer unseres National-Epos, in der Conzeption Dramatiker vom Wirbel bis zum Zeh, hat sie selbst haarscharf gezogen und sich wohl gehütet, in die Nebel- Region hinüber zu schweifen, wo seine Gestalten in Allegorien umgeschlagen und Zaubermittel an die Stelle allgemein gültiger Motive getreten wären. Ihm mit schuldiger Ehrfurcht für seine Intentionen auf Schritt und Tritt zu folgen, soweit es die Verschiedenheit der epischen und dramatischen Form irgend gestattete, schien dem Verfasser Pflicht und Ruhm zugleich, und nur bei den klaffenden Verzahnungen, auf die der Geschichtsschreiber unserer National-Literatur bereits mit feinem Sinn und scharfer Betonung hinwies, ist er notgedrungen auf die älteren Quellen und die historischen Ergänzungen zurückgegangen.[401]

Auch Hebbel sieht das *Nibelungenlied* als ‚Nationalepos', dem man ehrfürchtig gegenüber stehen sollte. Zu bemerken ist die Tatsache, dass mit keinem Wort auf die nichtnationale Handlung eingegangen wird, sondern das Schlagwort ‚Nationalepos' und die mit ihm verbundene semantische Aufladung des Epos Ausgangspunkt der Entstehung des Stückes waren. Die größten Adaptionen des Nibelungenstoffes wurden angetrieben von der mit Absicht politisch aktualisierten, ideologisch aufgeladenen Rezeption, und basierten nicht auf dem Text, oder gar einer textimmanenten Deutung desselben.

5.1.2. Richard Wagner und der *Ring des Nibelungen*

Der Ring des Nibelungen ist ein Monumentalwerk, welches, vierteilig, zwischen sechzehn und achtzehn Stunden insgesamt dauert. Die ersten Ideen dazu schrieb Wagner 1848 auf, 1876 feierte das Gesamtwerk im August in Bayreuth Premiere[402]. Als Quellen benutzte

---

[401] Friedrich Hebbel, „Die Nibelungen. Ein deutsches Trauerspiel in drei Abtheilungen", in: *Nibelungenliedrezeption.de: Ein Projekt der Universität Duisburg-Essen zur Rezeption des Nibelungenstoffes.* Online: http://www.Nibelungen-Rezeption.de/literatur/quellen/Hebbel-Nibelungen.pdf (Zugriff 08.08.2011).
[402] Vgl. Gunter E. Grimm/ Uwe Werlein, *Nibelungenliedrezeption.de: Ein Projekt der Universität Duisburg-Essen zur Rezeption des Nibelungenstoffes.* Online: http://www.Nibelungen-Rezeption.de/literatur/quellen/Hebbel-Nibelungen.pdf (Zugriff 08.08.2011).

Wagner das von ihm selbst zitierte *Nibelungenlied*[403], aber ganz besonders die Eddalieder, die er, inspiriert von Jacob Grimms *Deutscher Mythologie*, als Vorlage für seine Oper heranzog. Dadurch wollte er dem von ihm angestrebten mythischen Grund der Sage näher kommen, den er eher in den Eddaliedern als im mittelhochdeutschen Epos vermutete[404]. Besonders daran ist auch, dass Wagner seinen Text nicht nur selber verfasst hat, sondern auch, dass er seinen neuhochdeutschen Zeilen ein althochdeutsches Kleid verpasste, indem er Stabreim statt Endreim benutzte[405].

Wie schon lange vor ihm Herder postuliert hatte, stellte Wagner sich den Mythos als den „Anfang und Ende der Geschichte"[406] vor: „Der entlegene Ursprung, den der musikalisch vergegenwärtigte Mythos aufdeckt, ist nichts anderes als das Ziel der Geschichte"[407]. Allerdings war Wagners Ziel nicht ‚nationale' Nibelungen auf die Bühne zu bringen, „weil Nationalität gerade eine Form der historischen Individuation des Menschen ist"[408]. Den Titel ‚Nationaloper'[409] hat Wagners *Ring*, wie auch das *Nibelungenglied* mit seinem ‚Nationalepos'-Stempel, erst in der Rezeption erhalten.

Dieses Image hat sich ziemlich hartnäckig in der Rezeption gehalten, besonders nach 1945. Obwohl Wagner mit seiner Oper nicht einmal konkret Nationalismus im Sinn hatte, wurde sein Andenken verfolgt und eng mit dem Dritten Reich in Verbindung gebracht[410]. Schuld daran ist z.T. auch Alfred Rosenberg, der Wagner und dem *Ring* einen generösen Teil seines *Mythus des zwanzigsten Jahrhunderts* widmet, und ihn für seine Ideologie einbindet[411], z.B. indem er behautet, „Wagner kämpfte gegen eine ganze verpöbelte Welt und siegte"[412], was „das Kulturwerk Bayreuths"[413] ewig machen würde. Verbindungen zwischen Wagners Werk und der rassistischen Ideologie der Nationalsozialisten werden in solchen denkwürdigen Passagen besonders klar:

---

[403] Vgl. Sven Olk/ Malte Säger, „Wagner und das Nibelungenlied", in: *Nibelungenliedrezeption.de: Ein Projekt der Universität Duisburg-Essen zur Rezeption des Nibelungenstoffes.* Online: http://www.Nibelungen-Rezeption.de/literatur/quellen/Hebbel-Nibelungen.pdf (Zugriff 08.08.2011).
[404] Vgl. Heinzle, *Die Nibelungen*, S. 123.
[405] Vgl. Erwin Martin, „Fluch und Erlösung in Richard Wagners ‚Der Ring des Nibelungen'", in: *Die Nibelungenlied-Gesellschaft.* Online: http://www.nibelungenlied-gesellschaft.de/03_beitrag/martin/fs08_mart.html (Zugriff 30.04.2011).
[406] Heinzle, *Die Nibelungen*., S. 124.
[407] Ebd., S. 124/125.
[408] Ebd.
[409] Vgl. ebd.
[410] Vgl. Grimm/Werlein.
[411] Vgl. Rosenbeg, S. 428 ff.
[412] Ebd., S. 429.
[413] Rosenberg, S. 429.

> Das Wesentliche aller Kunst des Abendlandes ist aber in Richard Wagner offenbar geworden: daß die nordische Seele nicht kontemplativ ist, daß sie sich auch nicht in individuelle Psychologie verliert, sondern kosmisch-seelische Gesetze willenhaft erlebt und geistigarchitektonisch gestaltet. Richard Wagner ist einer derjenigen Künstler, bei denen jene drei Faktoren Zusammenfallen, die jeder für sich einen Teil unseres im Lohengrin und Siegfried hervortritt, gebunden an tiefstes Naturgefühl, die innere Willenhaftigkeit des Menschen in "Tristan und Isolde" und das Ringen um den Höchstwert des nordisch-abendländischen Menschen, Heldenehre, verbunden mit innerer Wahrhaftigkeit..[414]

Diese Verbindung, die zwischen Wagner und den Nationalsozialisten hergestellt wird, oder einfach zwischen seinem Werk und nationalistischem Gedankengut, konnte wider besseren Wissens nicht aus der populären Rezeption eliminiert werden. Bis heute werden Wagner-Werke aufgeführt, auf eine Weise, die seine vermeintlich nationalistische Ader in den Mittelpunkt rücken, auch wenn dies in den Werken selber (vor allem im *Ring*) nicht im geringsten vorhanden ist. Es ist die Rezeptionsgeschichte nationalistisch aufgefasster Nibelungen, die hier dargestellt wird, und nicht das Werk auf wertungsfreie Art und Weise. Das beste Beispiel ist das Niedersächsische Staatstheater Hannover, das den *Ring*-Zyklus 2010-2011 aufgeführt hat, in einer Adaption, die stark Gebrauch macht von nationalsozialistischer Symbolik, durch die vermeintliche nationalistische Tendenzen im Werk angeprangert werden sollen[415].

Die Nibelungen wurden einst politisch und national aktualisiert durch von der Hagen. Diese Umwertung hat sich ausgebreitet und verselbständigt, trotz der Tatsache, dass der Inhalt des *Nibelungenliedes* eigentlich nicht national zu deuten ist. Die Nibelungen-Deutungen und Adaptionen durch das neunzehnte Jahrhundert bis 1945 zeigen das deutlich; am absurdesten in der Auffassung Rosenbergs und der Stalingrad-Rede Görings. Es ist diese Art der Interpretation, der semantischen Aufladung und textfernen Rezeption, die sich verewigt hat, und die bis heute wirksam ist, besonders bei Versuchen, sich genau von dieser vorbelasteten Deutung zu lösen. Die völlig absurde Angleichung der Gibichungen aus Wagners *Ring* mit den Nationalsozialisten in der Hannoverschen Aufführung von 2011 spiegelt das wider: Nicht das Werk, ob nun *Nibelungenlied* oder der *Ring*, werden hier zur Schau gestellt. Es wird eine Deutung angeprangert, die selber ein künstliches Konstrukt einer politisch-ideologischen Rezeption ist.

---

[414] Ebd., S. 434 ff.
[415] Vgl. das Impressum zu Richard Wagners *Götterdämmerung*, herausgegeben durch das Niedersächsische Staatstheater Hannover GmbH, S. 27 ff.

5.1.3. Fritz Langs *Nibelungen*

Im Februar und September 1924 kam je ein Teil von Fritz Langs *Nibelungen*, *Siegfrieds Tod* und *Kriemhilds Rache*, in die Kinos. Die Filme, beide keine Verfilmung des *Nibelungenliedes*, knüpfen an die rezeptionsgeschichtliche Traditionsreihe des Nibelungenstoffes[416] an. Bei diesen Filmen handelt es sich um eine „Auseinandersetzung mit dem Erzähl- und Vorstellungskomplex der Nibelungen, des Stoffs und seiner Tradition, als einem Teil des Kollektiven nationalen Mythen- bzw. Ideologie-Zusammenhangs"[417]. Es war nur eine Frage der Zeit, bis das ‚deutsche Nationalepos' den Sprung von Literatur über Drama und Oper zum neuen Massenmedium Film machen würde. Die Frage war nur, wie man diesen ‚nationalen' Stoff effektiv auf die Leinwand bringen könnte. Drehbuchautorin Thea von Harbou formulierte es folgendermaßen: „Und vielleicht ist eine stumme Beredsamkeit dazu berufen, als ein Sendbote von deutschem Wesen, deutscher Arbeit, Geduld und Kunst einer jener Apostel zu werden, zu denen ihr Meister sprach: Gehet hin in alle Welt und lehret alle Völker"[418]. Fritz Lang selber wollte den Film „dem deutschen Volke zu eigen"[419] machen, und weiter:

> Es handelt sich um das geistige Heiligtum einer Nation. Es musste mir also darauf ankommen, in einer Form, die das Heilig-Geistige nicht banalisierte, mit dem Nibelungenfilm einen Film zu schaffen, der dem Volke gehören sollte, und nicht, wie die Edda oder das mittelhochdeutsche Heldenlied, einer im Verhältnis ganz geringen Anzahl bevorzugter und kultivierter Gehirne.[420]

Schon wie von der Hagen lange vor ihm, wollte Lang eine Adaption erschaffen, die von der Masse des deutschen Volkes gewürdigt werden könnte, nicht nur von einigen Intellektuellen. Es ging nicht um eine Literaturverfilmung, sondern um die Übertragung eines Rezeptionsmythos auf ein neues Massenmedium, d.h. den Film. Der Nibelungenstoff, das *Nibelungenlied*, zum ‚Nationalepos' erhoben und verewigt: Es war dieser Mythos, der den Leuten nahebracht werden sollte, denn es war diese Deutung, welche die gesamte Attraktivität der Nibelungen für die Menschen ausmachte, Philologen oder Laien, und nicht der reine Text mit allen seinen inhaltlichen Bruchstellen. Dies ist deutlich zu erkennen in folgender Aussage Thea von Harbous: „Es (= das deutsche Volk) soll, ruhig schauend, sich

---
[416] Vgl. van Laak, S. 268.
[417] Ebd., S. 269.
[418] Ebd.
[419] Ebd.
[420] Hans Müller, „Der Burgunderuntergang im Nibelungenlied. Zeittypische Deutungen von 1915 bis 1945", in: *Die Nibelungenlied-Gesellschaft*. Online: http://www.nibelungenlied-gesellschaft.de/03_beitrag/mueller/fs07_muel.html (Zugriff 01.03.2011).

beschenken lassen, empfangend erleben und damit neu gewinnen, was ihm, dem Volke als Ganzes, nur noch blasse Erinnerung ist: das Hohelied von bedingungsloser Treue."[421]

Auch die im Film offensichtliche Verherrlichung des nordischen Menschen[422] hat mit dem *Nibelungenlied* selbst herzlich wenig zu tun; es sind Ansichten, die in das Epos reininterpretiert wurden, was bereits mit von der Hagens Beschreibung der Hunnen begann, und sein Echo findet in Langs Darstellung derselben als eine Art barbarischer Untermenschen. Weder Etzel noch seine Mannen werden im *Nibelungenlied* als Barbaren dargestellt, aber diese Deutung, diese Gegenüberstellung der vermeintlich deutschen Tugenden und der barbarischen Hunnen, hat sich in die Köpfe der Rezipienten so sehr eingebrannt, dass sie bis ins späte zwanzigste Jahrhundert selbst in akademischen Schriften auftaucht, z.B. bei Klaus von See, der das *Nibelungenlied* als „abstrus-peinliche Betrugskomödie"[423] beschreibt,

> die sich dank der undisziplinierten oder auch nur törichten Schwatzhaftigkeit ihrer Protagonisten zur Ehetragödie auswächst und später in einem fernab gelegenen, östlichen Barbarenhof, wo sie Ehefrau des Ermordeten, gestützt auf die Macht des untätig zusehenden zweiten Ehemanns, ihren lang gehegten Racheplan ins Werk setzen kann, ein schaurig-blutiges Ende findet.[424]

Der ‚östliche Barbarenhof', der im *Nibelungenlied* überhaupt nicht als solcher beschrieben wird, ist nichts als ein Erbe der Rezeptionsgeschichte des *Nibelungenliedes*, die ein Mythos von nationaler Assoziation erschuf. Diese verfolgte eine Absicht, welche zwar nach 1945 verloren ging – die Legitimierung patriotischer Anwandlungen –sich aber nicht verflüchtigt hat, egal, wie sehr seitdem versucht wird, die Nibelungenforschung in eine komplett andere Richtung zu schieben. Es scheint selbst für Philologen ein Ding der Unmöglichkeit zu sein, das *Nibelungenlied* von seiner Rezeptionsgeschichte zu trennen.

5.1.4. „Die Nibelungen für unsere Zeit erzählt": Das *Nibelungenlied* in der Unterhaltungsliteratur nach 1945

Populärliterarische Adaptionen des *Nibelungenliedes* und –stoffes haben schon vor 1945 eine tragende Rolle bei der Rezeption gespielt. Auch nach dem Verlust der eigenen nationalen Ideologie finden sich bei Nibelungen-Adaptionen prominente Vertreter, die den

---

[421] Müller, *Der Burgunderuntergang*.
[422] Vgl. ebd.
[423] Martin, *Die Nibelungen*, S. 12.
[424] Ebd.

Stoff trotzdem als Träger nationalistischen (und auch z.T. rassistischen) Gedankenguts gebrauchen; so sehr hatte sich das Bild der Nibelungen als ‚Nationalepos' eingebrannt in das kollektive Gedächtnis.

1951 veröffentlicht Auguste Lechner *Die Nibelungen. Für unsere Zeit erzählt.* Das Buch, welches nicht zu verachtenden Einfluss hatte auf das Bild mittelalterlicher Literatur seiner Generation[425], beschreibt das Leben Siegfrieds und stellt eine Mischung dar aus dem *Nibelungenlied* und den Liedern der *Edda*. Obwohl das Buch sechs Jahre nach dem Ende des Zweiten Weltkrieges erschienen ist, kann es sich nicht wirklich von nationalistischen und rassistischen Verstehensmustern befreien[426]. Z.B. Hagens Mord an Etzels Sohn wird hier als „Befreiungstat für das Abendland"[427] bezeichnet:

> Durch den Verlust seines Erben würde Etzels Reich „zerfallen, wie morsches Gemäuer, das Abendland würde sich frei machen und der fremde Boden würde das Volk der Hunnen aufsaugen, bis es verschwand". Lechner begründet hier den Untergang des Hunnenreiches mit „Blut und Boden" Theorien. Sie führt diesen Gedanken weiter, indem sie den Untergang der Burgunden durch den Kampf von „Männern der gleichen Art, die eigentlich Freunde sein sollten" begründet, und sogar ein Entkommen für möglich hält, solange die Burgunden ‚nur' Hunnen gegen sich haben. Lechner scheint hiermit implizieren zu wollen, dass sie im Kampf zwischen ‚rassisch gleichartigen Völkern' eine Art Verstoß gegen die göttliche bzw. natürliche Ordnung sieht, der letztendlich zum Untergang aller Beteiligten führen muss.[428]

Fünfzehn Jahre später veröffentlichte Joachim Fernau sein Buch *Disteln für Hagen. Bestandaufnahme der deutschen Seele*, in dem er sich mit der Handlung und der deutschen Geschichte, sowie der Rezeptionsgeschichte des *Nibelungenliedes* auseinandersetzt. Trotz der ironischen Distanz[429], die Fernau hier zu seiner Vorlage aufbaut, kann er sich am Ende nicht von dem lösen, was er hier anzuprangern versucht, denn schon im Versuch, die Entstehung des *Nibelungenliedes* erklären zu wollen, fällt er in Interpretationsmuster zurück, die mit dem Text selber herzlich wenig zu schaffen haben:

> Ihre [gemeint ist die Sage] Schöpfung lag lange zurück, in einer Zeit, als die Deutschen noch nicht „die Deutschen" waren. Einst entsprach dieser archaische Siegfried den Träumen, er war die vollkommene Nahrung, die die Seele (noch indifferent an der Nabelschnur des ganzen Abendlandes) suchte. Jetzt aber, im 11./12. Jahrhundert, wurde diese Nahrung beinahe giftig. Die Seele hatte sich gewandelt. Dieser Wandel zur „deut-

---

[425] Vgl. Gentry/McConnell/Müller/Wunderlich, S. 234.
[426] Vgl. Martin, *Die Nibelungen*, S. 122.
[427] Ebd.
[428] Ebd.
[429] Vgl. Martin, *Die Nibelungen*, S. 148.

schen" Seele ist das Phänomen, das sich in dem Tun des Nibelungendichters offenbart. Die Wandlung der Seele und die Verwandlung der Sage decken sich[430].

Der mittelalterliche Dichter habe, laut Fernau, die „alte Sage (...) verfälscht, als sei sie geschichtliche Realität, die man nicht wahrhaben will"[431]. Er sei schon „ganz Deutscher"[432] gewesen, und habe in seiner Umgestaltung das „Unkraut"[433] der heidnischen Überlieferung tilgen wollen. Ganz davon abgesehen, dass im Mittelalter diese Art der nationalen Identifikation nicht existiert hat, sind das Schlussfolgerungen, die Fernau aus dem *Nibelungenlied* selber nicht hat ziehen können, denn dem Lied fehlt jeglicher nationaler Bezug. Warum er dem Verfasser des *Nibelungenliedes* ausgerechnet verdeutschende Absichten zuschreibt, bleibt schleierhaft.

Am Ende seines Buches kommt sein offensichtlich dem neunzehnten Jahrhundert entzogenes Verständnis des *Nibelungenliedes* – seine Erhebung zum Nationalepos, welches er dekonstruieren möchte, aber nicht negieren kann – klar zutage: Er argumentiert, dass die Deutschen ihre „durch das *Nibelungenlied* mitgeprägte[...] nationale[...] Identität"[434] akzeptieren müssen, und dass „in allen etwas von Siegfried, Kriemhild, Gunther und/oder Hagen schlummert"[435]. Dies impliziert, dass im *Nibelungenlied* selber national zu interpretierende Ingredienzien vorhanden sind, und dass sie die Deutschen, wie sie sind, beschreiben. Diese Schlussfolgerung bezieht sich direkt auf den durch die Rezeption des Liedes populär gemachten Mythos des *Nibelungenliedes* als ‚Nationalepos'; speziell – auch wenn Fernau sich dieser Tatsache nicht unbedingt bewusst gewesen sein muss beim Verfassen seiner ‚Bestandaufnahme' – auf das Vorwort von der Hagens aus *Der Nibelungen Lied*. Die ‚deutschen Tugenden', die von der Hagen auflistet, um seinen Landsleuten während einer Zeit der französischen Okkupation Mut zu machen, werden von Fernau als ‚Eigenschaften' der Deutschen aufgegriffen; ob sie nun gut sind oder nicht, ist am Ende irrelevant. Dem mittelhochdeutschen Text selbst ist das Fazit seines Buches völlig fremd.

Die Verbindung zwischen patriotischem und/oder nationalistischem Gedankengut mit dem *Nibelungenlied* zieht sich gleich einem roten Faden durch die Geschichte der populärliterarischen Adaptionen des *Nibelungenliedes*, selbst nach dem ideologischen Zusammenbruch von 1945. Dabei ist es unwichtig, ob die Autoren dieser Adaptionen für

---

[430] Joachim Fernau, *Disteln für Hagen. Bestandaufnahme der deutschen Seele*, München 1966, S. 15.
[431] Ebd.
[432] Ebd.
[433] Ebd.
[434] Martin, *Die Nibelungen*, S. 151.
[435] Ebd.

oder gegen solches Gedankengut sind; die Tatsache, dass das Lied mit nationalen Anwandlungen verbunden wird, ist Teil seiner Rezeptionsgeschichte, und irgendwann ist es Teil davon geworden, wie das Werk wahrgenommen wird. Z.B. versucht Jürgen Lodemann 1986 mit seinem Buch *Siegfried. Die deutsche Geschichte im eintausendfünfhundertsten Jahr der Ermordung ihres Helden* sich von der nationalistischen Aneignung des Stoffes zu distanzieren, fällt aber trotzdem in die alten Verstehensmuster zurück, indem er „Siegfried, den Vertreter der ‚germanischen' – und das bedeutet hier positiven Liebesformen – Hagen als Repräsentanten des ‚römisch christlichen Machtstrebens gegenüberstellt"[436].Eine Trennung zwischen *Nibelungenlied* und Rezeptionsgeschichte findet niemals vollkommen statt. Entweder die Interpreten stehen dem relativ neutral gegenüber, machen aber trotzdem davon Gebrauch, oder sie geben sich alle Mühe, alles Nationale zu parodieren und ironisieren. Die Tatsache, dass Nationales im *Nibelungenlied* nicht zu finden ist, rückt dabei in den Hintergrund und wird vergessen.

5.1.5. „Nibelungentreue"- das Schlagwort in der populären Kultur des einundzwanzigsten Jahrhunderts

‚Nibelungentreue' – ein Schlagwort, welches 1909 durch Reichskanzler von Bülow geprägt wurde[437] - lässt sich bis heute in der populären Kultur wiederfinden, sprich in Zusammenhängen, die mit dem *Nibelungenlied* speziell und der Germanistik im Allgemeinen nichts zu tun haben. Der Begriff scheint dabei allgemein geläufig zu sein, so dass man ihn in unterschiedlichsten Kontexten wiederfindet, wo er an verschiedene Bevölkerungsschichten gerichtet zu sein scheint. Besonders im Bereich Fußball wird das Schlagwort gerne angewandt, um schwer nachvollziehbare Unterstützungskonstellationen zu beschreiben. Z.B. in einem Forumsbeitrag der *Bild Online* betitelt ein Benutzer Joachim Löws Festhalten an Stürmer Miroslav Klose kurz vor der Fußball-Weltmeisterschaft 2010 als ‚Nibelungentreue'[438].

Nicht nur verstimmte Fußballfans machen in diesem Zusammenhang von diesem Terminus Gebrauch, sondern auch Journalisten: Auf der Internetseite *Express.de* betitelt der Verfasser einer Meldung zu demselben Thema am 03.02.2011 „Gomez spielt nicht: Löw

---

[436] Martin, *Die Nibelungen*, S. 222.
[437] Vgl. Martin, *Nibelungen-Metamorphosen*, S. 18.
[438] Vgl. Sport-Forum der Bild Online.

schwört Klose Nibelungentreue"[439]. Auch in der Westdeutschen Zeitung wird in Hinblick auf fußballerische Begebenheiten auf das Schlagwort zurückgegriffen: Artikel-Autor Achim Müller beschreibt am 10.01.2011 die Unterstützung des zu jener Zeit Tabellenletzten Borussia Mönchengladbach durch seine Fans als „Nibelungentreue zum Tabellen-Schlusslicht"[440]. Ein anderes Klientel wird in der *Frankfurter Allgemeinen Zeitung* angesprochen in einem Artikel von 2007, der die kriselnde Verbindung zwischen Daimler und Chrysler als „Ende der Nibelungentreue"[441] bezeichnet, oder in der *Financial Times Deutschland*, in der am 26.08.2010 ein Artikel „Rückendeckung für HSH-Chef: Koppers Nibelungentreue zu HSH-Chef Nonnenmacher"[442] genannt wurde.

Es ist klar, dass viele der Menschen, die Artikel für Online-Zeitungen schreiben, oder Sportmoderatoren des ARD (in diesem Falle Tom Bartels) Hochschulbildung haben und sich mit gelehrten Termini auskennen. Trotzdem scheint das Schlagwort ‚Nibelungentreue' so geläufig und den Massen verständlich zu sein, dass es in verschiedensten Kontexten gebraucht wird, selbst von Forumsbenutzern der *Bild Online*, um ein extremes Treueverhältnis auszudrücken, das Produkt der politisch-ideologischen Rezeption des *Nibelungenliedes* ist.

5.2. Spuren des Interpretationsmodells von der Hagens in der wissenschaftlichen Rezeption des *Nibelungenliedes* nach 1945

Nach 1945, dem Ende der deutschen Nationalideologie, distanziert sich die Germanistik verständlicherweise von der „von ihr mitgetragenen nationalen Aneignung des Stoffes und behandelte das *Nibelungenlied* nun einzig als literarisches Werk des Mittelalters"[443]. Es fand ein „Rückzug der Germanistik in die Werkimmanenz"[444] statt. Das große

---

[439] „Gomez Spielt Nicht: Löw Schwört Klose Nibelungentreue", in: *Express.de* (03.02.2011). Online: http://www.express.de/sport/fussball/loew-schwoert-klose-nibelungentreue/-/3186/7151856/-/index.html (Zugriff: 15.04.2011).
[440] Achim Müller, „Nibelungen-Treue zum Tabellen-Schlusslicht", in: *Westdeutsche Zeitung* (10.01.2011). Online: http://www.wz-newsline.de/lokales/wuppertal/stadtleben/fans-nibelungentreuezum-tabellen-schlusslicht-1.545837 (Zugriff: 15.04.2011).
[441] „Daimler und Chrysler: Ende der Nibelungentreue", in: *Frankfurter Allgemeine Zeitung* (21.02.2007). Online: http://www.faz.net/s/RubD16E1F55D21144C4AE3F9DDF52B6E1D9/Doc~E4240AE48BB304DF2892991A057C2D02D~ATpl~Ecommon~Sspezial.html (Zugriff: 15.04.2011).
[442] Rolf Lebert, „Rückendeckung für HSH-Chef: Koppers Nibelungentreue zu HSH-Chef Nonnenmacher", in: *Financial Times Deutschland* (26.08.2010). Online: http://www.ftd.de/unternehmen/finanzdienstleister/:rueckendeckung-fuer-hsh-chef-koppersnibelungentreue- zu-hsh-chef-nonnenmacher/50161245.html (Zugriff: 15.04.1011).
[443] Martin, *Die Nibelungen*. S. 224.
[444] Ebd.

Problem aber mit dem *Nibelungenlied* bleibt aber, dass eine werkimmanente Interpretation wegen der vielen Brüche der Handlung schwierig ist; und die Tatsache, dass die nationale Rezeption des Stoffes immer viel populärer gewesen ist als der Text, tut seinen Teil dazu, dass es diese ist, die auch im akademischen Bereich weiter fortgeführt wird, trotz aller Versuche, sie in die Vergangenheit zu verbannen.

Nicht nur in den ersten Jahrzehnten nach dem Ende des Zweiten Weltkrieges, sondern bis spät ins zwanzigste Jahrhundert hinein ist festzustellen, dass die akademische Beschäftigung mit dem *Nibelungenlied* sich sonderbar textfern gibt. Die Rezeptionszeugnisse werden analysiert, aber selten direkt auf den Text bezogen: „Das Verhältnis zwischen den Vorgaben des Textes und den Aussagen über den Text, zwischen *Nibelungenlied* und *Nibelungenideologie*, blieb so weitgehen im Dunkeln"[445]. Diese nationalen, „politisch-psychologische[n] Zwangsmechanism[en]"[446] sind bis heute noch wirksam, lassen sich beim besten Willen nicht ausschalten. 1971 stellte Helmut Brackert sich in seinem Aufsatz *Nibelungenlied und Nationalgedanke* folgende Fragen:

> Wie war es möglich, daß diese Rezeption trotz der Verschiedenheit der Zeiten so konstant blieb? Wie war es möglich, daß man politische, wirtschaftliche, soziale oder militärische Veränderungen ignorierte und so tat, als bedürfe es immer noch der alten Nibelungentugenden, um einen inzwischen hochindustrialisierten Staat zu ordnen, als könne man sich die alten heroischen Krieger in einem übertechnisierten Kampfgeschehen noch zum Vorbild nehmen oder als sei das heroische Streben der Burgunden noch ein Trost für die Opfer der Bombenteppiche eines modernen Vernichtungskrieges?[447]

Ob es an einem politisch-ideologischen Missbrauch des Liedes für niedere Zwecke liegt, oder einfach an der Schwierigkeit einer Deutung des *Nibelungenliedes*, ändert nichts an der Tatsache, dass die Rezeptionsgeschichte des *Nibelungenliedes* sich unzertrennbar verbunden hat mit der Rezeption des eigentlichen Textes. Auch Klaus von See, der vehement die nationalen Ambitionen der frühen Nibelungen-Interpreten anprangert und sich fragt, warum ausgerechnet das *Nibelungenlied* so innig mit der Entwicklung des deutschen Nationalismus verflochten werden konnte, ist selber vorbelastet durch eben diese Deutungen, kann sich von ihnen nicht lösen. Wie vor ihm Helmut Brackert kommt von See zum Schluss, dass die im neunzehnten Jahrhundert zementierte Deutung des *Nibelungenliedes* eine Gültigkeit erlangt hat, die bis 1945 ohne Widerspruch akzeptiert wurde[448]. Aber inwiefern kann diese nationale Aneignung kritisiert werden, wenn es selbst Jahrzehnte

---

[445] Heinzle/Waldschmidt, S. 9.
[446] Ebd., S. 16.
[447] Martin, *Nibelungen-Metamorphosen*, S. 119.
[448] Vgl. Martin, *Nibelungen-Metamorphosen*, S. 120/121.

später den Forschern nicht gelingt, den Mythos ‚Nationalepos' komplett zu negieren? Auf diese Frage gibt es ebenso wenig eine Antwort, wie auf die Frage, wie sich dem *Nibelungenlied* eine Bedeutung abgewinnen ließe.

6. Zusammenfassende Schlussbetrachtung

In einem Beitrag für die Nibelungenliedgesellschaft schreibt Hans Müller, dass die „meisten Deutungen und Ausgestaltungen des Nibelungenstoffes in unserer Zeit"[449] gemeinsam haben, „dass sie unter dem Eindruck des namenlosen Leids im 1. und vor allem im 2. Weltkrieg im Nibelungenlied ein warnendes Beispiel für eine Entwicklung stehen, die in einer von Menschen verursachten Katastrophe mit beispielhafter Brutalität mündet"[450]. Es wurde zwar – in der populärliterarischen sowie der akademischen Rezeption – versucht, sich vom überspitzten Nationalismus der Zeit vor 1945 zu distanzieren, und somit das *Nibelungenlied* offen für unbelastetes Bearbeiten zu machen, doch dies gelang nur bedingt.

Die Germanistik hat sich von völkisch-nationalen Deutungsmustern entfernt, und trotzdem zitiert am Ende des zwanzigsten Jahrhunderts Klaus von See einen ‚östlichen Barbarenhof', den es im *Nibelungenlied* nicht gibt. Was die nicht-akademische Rezeption angeht, so sind es nicht nur Romane von Auguste Lechner und Jürgen Lodemann, die immer noch dem alten Deutungsmuster verpflichtet sind, sondern auch Theaterproduktionen im einundzwanzigsten Jahrhundert. Als Beispiel bietet sich Dieter Wedel an, der 2002/03 in seiner Aufführung des Stückes von Moritz Rinke in Worms „den letzten Teil überdeutlich mit dem Inferno am Ende des 2. Weltkrieges assoziiert"[451]. Vielleicht liegt das allein an der Tatsache, dass man sich hierzulande, wie Joachim Heinzle es ausdrückt, gerne am Makabren berauscht[452], und Wolfgang Storch zitiert, der im Rahmen einer Nibelungenausstellung deklarierte, „wir stünden ‚noch heute in dem Blut, das die Nibelungen-Deutschen im 19. Und 10. Jahrhundert vergossen' hätten"[453].

Solche Ansichten, wie sie auch z.B. noch 2011 in der Inszenierung von Wagners *Ring* an der hannoverschen Oper vertreten werden, sollen zwar die nationalistische Aneignung des *Nibelungenliedes* anprangern, werden aber zu oft angewandt, um der reinen Abschreckung zu dienen. Viel mehr ließe sich argumentieren, dass auf der einen Seite der schaurige Bezug zu den Nationalsozialisten und dem Grauen des Zweiten Weltkrieges Schaulustige anlockt; auf der anderen Seite scheint es so zu sein, dass bei diesen Adaptionen gar nicht

---

[449] Müller, *Der Burgundenuntergang*.
[450] Ebd.
[451] Ebd.
[452] Vgl. Heinzle/Waldschmidt, S. 8.
[453] Ebd.

erst der Versuch gestartet wird, den Stoff von seiner Rezeptionsgeschichte zu lösen, so sehr man diese auch zu verdammen und verspotten versuchen möchte.

Es scheint, wie Helmut Brackert schon Anfang der Siebziger bemerkte, sonderbar, dass ein ganz gewisses Rezeptionsmuster eines Textes, der dies von Seiten seines Inhaltes gar nicht zulasse, sich zwei Jahrhunderte, entlang wechselnder politischer und ideologischer Rahmenbedingungen, so hartnäckig halten konnte. Das Problem, wenn man es denn so nennen möchte, hat selbstverständlich als Allererstes seine Wurzel in der Schwierigkeit, dem *Nibelungenlied* überhaupt irgendeine Bedeutung abzugewinnen. Da es verschiedene Sagentraditionen in sich vereint und außerdem das Resultat einer ritterlich-höfischen Aktualisierung durch den Verfasser ist, weist es Brüche in seinem Inhalt auf, die sich nicht einfach wegwünschen lassen. Diese Brüche machen es allerdings einem potentiellen Interpreten relativ leicht, eine von ihm beabsichtigte Deutung anzuwenden, da das Lied auf sich allein gestellt undeutbar ist.

Die ,Wiederentdeckung' des *Nibelungenliedes*, die keine war, war bloß das Symptom seiner Zeit: Die Deutschen, denen ein positiver Gründungsmythos fehlte, dürstete es nach einem identifikationsspendenden Mythos, einem Dokument, welches ihr neues Nationalbewusstsein rechtfertigen könnte. Da kam ihnen das *Nibelungenlied* doch gerade recht: Es war alt, also ursprünglich. Es war einheimisch, d.h. keine Adaption einer französischen Vorlage. Es war monumental und undeutbar, also offen für semantische Aufladungen jeglicher Art. Schon im achtzehnten Jahrhundert wurde das Lied für die Untermauerung einer neuen nationalen Identität der Deutschen herangezogen; allerdings waren dies ästhetische Bemühungen. Es war Friedrich Heinrich von der Hagen, der das Lied für seine Zeit politisch aktualisierte, weil er einen gewissen Zweck verfolgte: er wollte den Deutschen in Zeiten der Fremdbesetzung Mut machen, patriotische Gefühle schüren. Die Tatsache, dass seine ,Erneuerung' philologisch ein relativer Misserfolg geworden ist, tut wenig zur Sache. Von der Hagen prägte ein Schlagwort, welches das *Nibelungenlied* auf ewig verfolgen sollte: Das Schlagwort vom ,Nationalepos'.

Es ist verständlich, dass diese Aneignung des *Nibelungenliedes* populär geworden ist; populärer als der mittelhochdeutsche Text selbst: Das Konzept, man besitze ein uraltes Dokument, das den eigenen ,Nationalcharakter' widerspiegele, ist einfach zu verstehen und klingt verlockend. Ein Epos, welches nicht nur von der Sprachstufe Verständnisprobleme mit sich bringt, sondern auch inhaltlich mehr Fragen hinterlässt, als es beantwortet, lässt sich schwerlich vermarkten. So ist es nicht schwer zu begreifen, dass die nationale Aneignung des Liedes sich verselbständigt hat – in der Wissenschaft, in der Kunst, im allgemeinen Bewusstsein – während der Text den Massen weitgehend unbekannt blieb. Gerade wenn man bedenkt, dass Deutschland von Anfang des neunzehnten Jahrhunderts bis 1945 viele politische Umbrüche erlebt hat, aber keinen, der dem florierenden Nationalbewusstsein einen Abbruch getan hätte. Die deutsch-patriotische Bedeutung, die einem Werk ohne nationalen Bezug zugesprochen wurde, bestand schon, bevor man das Werk überhaupt entstaubt hatte: Das *Nibelungenlied* hatte sozusagen kaum eine Chance, sich der ihm zugewiesenen Qualitäten zu entziehen; es war, weil die Absicht der Interpreten – speziell von der Hagens – schon von vornherein festlag, dazu verdammt, zum 'Nationalepos' zu werden. Es war, was von ihm verlangt wurde, weil die Zeit es verlangte.

Die Tatsache, dass mit dem Ende des Zweiten Weltkrieges jegliche ernstzunehmende nationalistische Ideologie in Deutschland verpufft ist, hat zwar der germanistischen Forschungen um das *Nibelungenlied* die nationale Grundlage genommen, jedoch nicht den populärliterarischen Adaptionen, wie sich beim Betrachten nicht weniger Werke deutlich feststellen lässt. Selbst die Germanistik, die sich von den vermeintlichen 'Deutschtümeleien' der Vergangenheit lösen wollte, hat es nicht geschafft, das *Nibelungenlied* von seiner eigenen Rezeptionsgeschichte zu trennen.

Das Problem liegt, wie gesagt, in der Uninterpretierbarkeit des Liedes: die Post-45er Mode, werkimmanent arbeiten zu wollen, führte beim Deuten des *Nibelungenliedes* in die Wüste. Die nationalistisch angehauchten Bearbeitungen waren aus der Mode. Was also tun? Die Frage lässt sich wohl nicht beantworten, aber das Resultat des Versuches, die Nibelungenforschung aus diesem Dilemma zu winden, ist interessant: man prangert das nationale Rezeptionsmodell an, macht aber trotzdem von seiner Terminologie Gebrauch, wobei die Tatsache ignoriert wird, dass auch in diesem Fall die Belege im Text nur mühsam oder auch gar nicht zu finden sind.

Am Ende liegt der Schluss nahe, dass es nicht so sehr das *Nibelungenlied* ist, welches rezipiert wird, sondern seine Rezeptionsgeschichte, auch wenn das nicht die Absicht ist. Von der Hagens Vorwort zu *Der Nibelungen Lied* hat einen größeren Einfluss gehabt, als er sich hätte erträumen können. Von ihm geprägte Ansichten und Rezeptionsmodelle – nicht nur das 'Nationalepos', sondern auch das Aufzählen der 'deutschen Tugenden' der Figuren des Epos, oder die Bezeichnung der Hunnen als östliche Barbaren – ziehen sich durch die gesamte moderne Rezeptionsgeschichte des *Nibelungenliedes*, und lassen sich nicht nur schwerlich von ihr trennen, sondern vermeintlich überhaupt nicht. Die Nibelungen sind weitgehend bekannt unter der deutschen Bevölkerung. Obwohl die große Masse nicht das mittelhochdeutsche *Nibelungenlied* gelesen hat, sind viele Begriffe aus seiner Rezeption so populär geworden, dass sie es in das kollektive Gedächtnis geschafft haben: sei es die Assoziation mit den Nationalsozialisten oder gar das Schlagwort ‚Nibelungentreue'.

Inwiefern ist eine kontextfreie Interpretation des *Nibelungenliedes* überhaupt möglich? Da schon seine ‚Wiederentdeckung' unter dem Stern der Suche nach einer ‚deutschen *Ilias*' stand, und diese Bedeutung schon zugewiesen worden war, bevor man den Text zuerst aus dem Regal geholt hatte, ist diese Frage schwer zu beantworten. Im Grunde genommen hatte das Lied nie eine echte Chance, von sich heraus interpretiert zu werden. Spätestens seit von der Hagens politisch-patriotischer Aktualisierung ist es gebrandmarkt. Selbst nach 1945, als man versuchte, alles Nationale zu vergessen, gelang es nicht, sich vom Erbe des ‚Nationalepos' zu befreien: als alleinstehender Text weist es zu viele Bruchstellen auf, und innerhalb seiner Rezeptionsgeschichte ist es zu vorbelastet. Es ist, als versuche man seit 1945 den metaphorischen Elefanten im Raum zu übersehen. Trotz aller Kritik sind es immer noch die Schlagwörter von der Hagens, die sich in wissenschaftliche Arbeiten und populärliterarische Adaptionen hineinstehlen. Die kontextfreie Rezeption des *Nibelungenliedes* wird zu einem – durch ihn ins Rollen gebrachten – modernen Mythos.

Bibliographie

1. Textausgaben:

Das Nibelungenlied. Mittelhochdeutsch- Neuhochdeutsch. Nach der Ausgabe von Karl Bartsch, hrsg. Von Helmut de Boor, 22. revidierte und von Roswitha Wisniewski ergänzte Auflage, Wiesbaden 1996 (Deutsche Klassiker des Mittelalters).

Das Nibelungenlied. Mittelhochdeutsch- Neuhochdeutsch. Nach dem Text von Karl Bartsch und Helmut de Boor, ins Neuhochdeutsche übersetzt von Siegfried Grosse, Stuttgart 2003 (1997).

Das Nibelungenlied. Übersetzt von Karl Simrock. Erster Teil, Berlin 1827.

2. Forschungsliteratur

2.1. Selbständige Publikationen

Beta, Heinrich, *Das Nibelungenlied als Volksbuch. In neuer Verdeutschung. Mit einem Vorwort von Friedrich Heinrich von der Hagen*, Berlin 1840.

Bönnen, Gerold/ Gallé, Volker [Hrsg.], *Der Mord und die Klage. Das Nibelungenlied und die Kulturen der Gewalt. Dokumentation des 4. Symposiums der Nibelungenliedgesellschaft Worms e.V. vom 11. bis 13. Oktober 2002*, Worms 2003.

Büsching, Johann Gustav/ Hagen, Friedrich Heinrich von der, *Literarischer Grundriß zur Geschichte der Deutschen Poesie von der ältesten Zeit bis in das sechzehnte Jahrhundert*, Berlin 1812.

Compagnon, Antoine*, Literature, Theory, and Common Sense*, Princeton u. Oxford 2004.

Damerau, Burghard, *Die Wahrheit der Literatur. Glanz und Elend der Konzepte*, Würzburg 2005.

Ehrismann, Otfrid, *Das Nibelungenlied*, München 2005.

Falk, Walter, *Das Nibelungenlied in seiner Epoche: Revision eines romantischen Mythos*, Heidelberg 1974 (Germanische Bibliothek 3).

Fernau, Joachim, *Disteln für Hagen. Bestandaufnahme der deutschen Seele*, München 1966.

Fichte, Johann Gottlieb, *Reden an die deutsche Nation*, Berlin 1808.

Frembs, Susanne, *Nibelungen und Nationalgedanke nach Neunzehnhundert. Über den Umgang der Deutschen mit ihrem 'Nationalepos'*, Stuttgart 2001.

Gephart, Irmgard, *Der Zorn der Nibelungen. Rivalität und Rache im „Nibelungenlied"*, Köln (u.a.) 2005.

Grimm, Jacob, *Deutsche Mythologie*, Göttingen 1835.

Grunewald, Eckhard, *Friedrich Heinrich von der Hagen: 1780-1856; ein Beitrag zur Frühgeschichte der Germanistik*, Berlin 1988 (Studia Linguistica Germanica 23).

Hagen, Friedrich Heinrich von der, *Die Nibelungen: Ihre Bedeutung für die Gegenwart und für immer*, Breslau 1819.

Hagen, Friedrich Heinrich von der, *Der Nibelungen Lied*, Berlin 1807.

Hagen, Friedrich Heinrich von der, *Die Edda-Lieder von den Nibelungen*, Breslau 1814.

Hagen, Friedrich Heinrich von der, *Der Helden Buch*, Berlin 1811.

Hartwich, Wolf-Daniel, *Deutsche Mythologie. Die Erfindung einer nationalen Kunstreligion*, Berlin 2000.

Heinzle, Joachim, *Das Nibelungenlied. Eine Einführung*, München und Zürich 1987.

Heinzle, Joachim/ Waldschmidt, Anneliese (Hrsg.), *Die Nibelungen. Ein deutscher Wahn, ein deutscher Alptraum. Studium und Dokumente zur Rezeption des Nibelungenstoffs im 19. Und 20. Jahrhundert*, Frankfurt a. M. 1991.

Heinzle, Joachim, *Die Nibelungen: Lied und Sage*, Darmstadt 2005.

Herrmann, Paul, *Deutsche Mythologie*, Berlin 2007 (Leipzig 1898).

Heusler, Andreas, *Nibelungensage und Nibelungenlied: die Stoffgeschichte des deutschen Heldenepos*, Dortmund 1965 (1921).

Kellner, Beate, *Grimms Mythen: Studien zum Mythosbegriff und seiner Anwendung in Jacob Grimms Deutscher Mythologie*, Frankfurt a.M. 1994 (Mikrokosmos; Bd. 41).

Kreutzer, Hans Joachim: *Der Mythos vom Volksbuch: Studien zur Wirkungsgeschichte des frühen deutschen Romans seit der Romantik,* Stuttgart 1977.

Lachmann, Karl [Hrsg.], *Der Nibelungen Noth und die Klage. Nach der ältesten Überlieferung. Mit Bezeichnung des Unechten und mit den Abweichungen der gemeinen Lesart*, Berlin 1851.

Lachmann, Karl, *Zu den Nibelungen und zur Klage*, Berlin 1836.

Mackensen, Lutz, *Die Nibelungen. Sage, Geschichte, ihr Lied und sein Dichter*, Stuttgart 1984.

Martin, Bernhard R., *Die Nibelungen im Spiegelkabinett des deutschen Nationalbewusstseins: Studie zur literarischen Rezeption des Nibelungenliedes in der Jugend- und Unterhaltungsliteratur von 1819-2002*, München 2004.

Martin, Bernhard R., *Nibelungen-Metamorphosen: die Geschichte eines Mythos*, München 1992.

Millet, Victor, *Germanische Heldendichtung im Mittelalter: Eine Einführung*, Berlin 2008.

Mitchell, Bruce / Robinson, Fred, *A Guide to Old English*, Oxford 2001 (1964)

Mone, Franz Josef, *Einleitung in das Nibelungen-Lied; zum Schul- und Selbstgebrauch*, Heidelberg 1818.

Müller, Jan-Dirk, *Spielregeln für den Untergang. Die Welt des Nibelungenliedes*, Tübingen 1998.

Münkler, Herfried, *Die Deutschen und ihre Mythen*, Berlin 2009.

Nagel, Bert, *Das Nibelungenlied. Stoff- Form- Ethos*, Frankfurt a.M. 1970 (1965).

Oergel, Maike, *The Return of the King, Arthur and the Nibelungen: national myth in nineteenth-century English and German literatures*, Berlin 1998.

Pritz, Roswitha, *Das Nibelungenlied nach der Handschrift d des "Ambraser Heldenbuch" (Codex Vindobonensis Ser. nova 2663, Wien, Österreichische Nationalbibliothek); Transkription und Untersuchungen*. Diss. Wien 2009.

Rosenberg, Alfred, Der *Mythus des Zwanzigsten Jahrhunderts: Eine Wertung der seelisch-geistigen Gestaltenkämpfe unserer Zeit,* München 1934 (1930).

Saalfeld, Lerke von, *Die Ideologische Funktion des Nibelungenliedes in der Preussisch-Deutschen Geschichte von seiner Wiederentdeckung bis zum Nationalsozialismus. Inaugural-Dissertation zur Erlangung des Doktorgrades des Fachbereichs Germanistik der Freien Universität Berlin*, Berlin 1977.

Sattel, Sabine B., *Das Nibelungenlied in der wissenschaftlichen Literatur zwischen 1945 und 1985: ein Beitrag zur Geschichte der Nibelungenforschung*, Frankfurt a.M. 2000 (Europäische Hochschulschriften: Reihe 1, Deutsche Sprache und Literatur; Bd. 1739).

See, Klaus von, *Barbar, Germane, Arier: die Suche nach der Identität der Deutschen*, Heidelberg 1994.

Strasen, Sven, *Rezeptionstheorien. Literatur-, Sprach- und kulturwissenschaftliche Ansätze und kulturelle Modelle*, Trier 2008 (WVT Handbücher zum literaturwissenschaftlichen Studium 10).

Sutrop, Margit, *Fiction and Imagination: The Anthropological Function of Literature*, Paderborn 2000.

Teichert, Matthias, *Von der Heldensage zum Heroenmythos: vergleichende Studien zur Mythisierung der nordischen Nibelungensage im 13. und 19./20. Jahrhundert*, Heidelberg 2008.

2.2. Unselbständige Publikationen

Ehrismann, Otfrid: „Nibelungenlied und Nationalgedanke. Zur Geschichte und Psychologie eines nationalen Identifikationsmusters", in: *Damals. Zeitschrift für geschichtliches Wissen*, Gießen 1980, S. 942-960.

Gentry, Francis G./ McConnell, Winder/ Müller, Ulrich/ Wunderlich, Werner (Hrsg.), *The Nibelungen Tradition: An Encyclopedia*, New York 2002.

Grimm, Jacob, „Gedanken über Mythos, Epos und Geschichte: Mit altdeutschen Beyspielen", in: Schlegel, Friedrich (Hrsg.), *Deutsches Museum 3. Januarheft*, Wien 1813, S. 53-75.

Heinzle, Joachim, „Die Nibelungensage als europäische Heldensage", in :Heinzle, Joachim/ Klein, Klaus/ Obhof, Ute (Hrsg.), *Die Nibelungen: Sage – Epos – Mythos*, Wiesbaden 2003, S. 3-28.

Krüger, Peter, „Etzels Halle und Stalingrad: Die Rede Görings vom 30.01.1943" in: Heinzle, Joachim/ Klein, Klaus/ Obhof, Ute (Hrsg.), *Die Nibelungen: Sage – Epos – Mythos*, Wiesbaden 2003, S. 375-406.

See, Klaus von, „*Das Nibelungenlied – Ein Nationalepos?", in: Heinzle, Joachim/ Klein, Klaus/ Obhof, Ute (Hrsg.), Die Nibelungen: Sage – Epos – Mythos,* Wiesbaden 2003, S. 309-344.

Van Laak, Lothar, „,Ihr kennt die deutsche Seele nicht': Geschichtskonzeptionen und filmischer Mythos in Fritz Langs Nibelungen", in: Meier, Mischa/ Slanička, Simona (Hrsg.), *Antike und Mittelalter im Film: Konstruktion –*
Dokumentation – Projektion, Köln 2007, S. 267-283.

2.3. Internetquellen:

„**Biographie**, Friedrich Heinrich von der Hagen", in: *Katalog der wissenschaftlichen Sammlungen der Humboldt-Universität zu Berlin*. Online: http://www.sammlungen.hu-berlin.de/dokumente/16107/ (Zugriff 15.03.2011).

Böhler, Michael, „Johann Jakob Bodmer", in: *Historisches Lexikon der Schweiz* (11.08.2004). Online: http://www.hls-dhs-dss.ch/textes/d/D11575.php (Zugriff 01.07.2011).

„**Daimler und Chrysler: Ende der Nibelungentreue**", in: *Frankfurter Allgemeine Zeitung* (21.02.2007). Online: http://www.faz.net/s/RubD16E1F55D21144C4AE3F9DDF52B6E1D9/Doc~E4240AE48BB304DF2892991A057C2D02D~ATpl~Ecommon~Sspezial.html (Zugriff: 15.04.2011).

„**Dein Sport, Dein Forum: Meinung Live**", in: *Bild Online* (13.06.2010). Online: http://www.bild.de/community/bild/forums/Nationalmannschaft/1573994/ (Zugriff: 15.04.2011)

Eichfelder, „Der Drachenkampf in der Nibelungensage", in: *Die Nibelungenlied-Gesellschaft*. Online: http://www.nibelungenlied-gesellschaft.de/03_beitrag/eichfelder/eichf_fs1.html (Zugriff: 12.06.2011).

„**Friedrich Heinrich von der Hagen**", in: *Anfänge der Germanistik*. Online: http://www.uni-due.de/einladung/Vorlesungen/gegenstand/vdHagen.htm (Zugriff: 15.03.2011).

Gallé, Volker, „Die Geburtsstunde der Germanistik. Das Nibelungenlied und Friedrich Heinrich von der Hagen", in: *Die Nibelungenlied-Gesellschaft*. Online: http://www.nibelungenlied-gesellschaft.de/03_beitrag/galle/fs08_galle.html (Zugriff: 20.01.2011).

Gallé, Volker, „Fantasien von Kelten und Germanen: MacPhersons ‚Ossian' und Fouqués ‚Held des Nordens'", in: *Die Nibelungenlied-Gesellschaft*. Online: http://www.nibelungenlied-gesellschaft.de/03_beitrag/galle/fs05_galle.html (Zugriff 01.07.2011).

Gallé, Volker, „Das Nibelungenlied und Europa", in: *Die Nibelungenlied-Gesellschaft*. Online: http://www.nibelungenlied-gesellschaft.de/03_beitrag/galle/galle_fs2.html (Zugriff 02.02.2011).

Gallé, Volker, „Otto Höfler und Bernhard Kummer: Nibelungenforscher im NS-System", in: *Die Nibelungenlied-Gesellschaft*. Online: http://www.nibelungenlied-gesellschaft.de/03_beitrag/galle/fs06_galle.html (Zugriff: 03.08.2011).

„**Gomez Spielt Nicht: Löw Schwört Klose Nibelungentreue**", in: *Express.de* (03.02.2011). Online: http://www.express.de/sport/fussball/loew-schwoert-klose-nibelungentreue/-/3186/7151856/-/index.html (Zugriff: 15.04.2011).

Grimm, Gunter E., „Die Literarische Rezeption des Nibelungenstoffes", in: *Nibelungenrezeption.de* (18.02.2008). Online:

http://www.nibelungenrezeption.de/literatur/quellen/Texte%20chronologisch.pdf (Zugriff: 03.05.2011).

Grimm Gunter E./ Werlein, Uwe, *Nibelungenliedrezeption.de: Ein Projekt der Universität Duisburg-Essen zur Rezeption des Nibelungenstoffes.* Online: http://www.nibelungenrezeption.de/literatur/quellen/Hebbel-Nibelungen.pdf (Zugriff 08.08.2011).

Hebbel, Friedrich, „Die Nibelungen. Ein deutsches Trauerspiel in drei Abtheilungen", in: *Nibelungenliedrezeption.de: Ein Projekt der Universität Duisburg-Essen zur Rezeption des Nibelungenstoffes.* Online: http://www.nibelungenrezeption.de/literatur/quellen/Hebbel-Nibelungen.pdf (Zugriff 08.08.2011).

Lebert, Rolf, „Rückendeckung für HSH-Chef: Koppers Nibelungentreue zu HSH-Chef Nonnenmacher", in: *Financial Times Deutschland* (26.08.2010). Online: http://www.ftd.de/unternehmen/finanzdienstleister/:rueckendeckung-fuer-hsh-chef-koppers-nibelungentreue-zu-hsh-chef-nonnenmacher/50161245.html (Zugriff: 15.04.1011).

Martin, Erwin, „Die Nibelungen von Friedrich Hebbel- ein deutsches Trauerspiel", in: *Die Nibelungenlied-Gesellschaft.* Online: http://www.nibelungenlied-gesellschaft.de/03_beitrag/martin/martin.html (Zugriff: 10.02.2011).

Martin, Erwin, „Fluch und Erlösung in Richard Wagners ‚Der Ring des Nibelungen'", in: *Die Nibelungenlied-Gesellschaft.* Online: http://www.nibelungenlied-gesellschaft.de/03_beitrag/martin/fs08_mart.html (Zugriff 30.04.2011).

Müller, Achim, „Nibelungen-Treue zum Tabellen-Schlusslicht", in: *Westdeutsche Zeitung* (10.01.2011). Online: http://www.wz-newsline.de/lokales/wuppertal/stadtleben/fans-nibelungen-treue-zum-tabellen-schlusslicht-1.545837 (Zugriff: 15.04.2011).

Müller, Hans, „Der Burgunderuntergang im Nibelungenlied. Zeittypische Deutungen von 1915 bis 1945", in: *Die Nibelungenlied-Gesellschaft.* Online: http://www.nibelungenlied-gesellschaft.de/03_beitrag/mueller/fs07_muel.html (Zugriff 01.03.2011).

Müller, Hans, „Rüdiger und Dietrich im Nibelungenlied und bei Hebbel", in: *Die Nibelungenlied-Gesellschaft.* Online: http://www.nibelungenlied-gesellschaft.de/03_beitrag/mueller/fs05_muel.html (Zugriff 12.06.2011).

Müller, Mareike, „Interview zu Pergamentfund: ‚Die Namen weisen auf den Nibelungenstoff hin'", in: *Spiegel Online Wissenschaft.* Online: http://www.spiegel.de/wissenschaft/mensch/0,1518,242874,00.html (01.04.2003, Zugriff: 11.07.2011).

Olk, Sven/ Säger, Malte, „Wagner und das Nibelungenlied", in: *Nibelungenliedrezeption.de: Ein Projekt der Universität Duisburg-Essen zur Rezeption des Nibelungenstoffes.* Online: http://www.nibelungenrezeption.de/literatur/quellen/Hebbel-Nibelungen.pdf (Zugriff 08.08.2011).

Reifferscheid, Alexander, „Hagen, Friedrich Heinrich von der", in: *Allgemeine Deutsche Biographie 10* (1879), S. 332-337 [Onlinefassung]; URL: http://www.deutsche-biographie.de/pnd118829130.html (Zugriff 15.03.2011).

Schnellbacher, Gernot, „'Die Nibelungen' in Hebbels Briefen", in: *Die Nibelungenlied-Gesellschaft.* Online: http://www.nibelungenlied-gesellschaft.de/03_beitrag/schnellb/fs05_schn.html (Zugriff 25.05.2011).

Starkulla, Heinz, „Beta, Johann Heinrich", in: *Neue Deutsche Biographie 2* (1955). Online: http://www.deutsche-biographie.de/sfz4242.html (Zugriff 20.04.1011).